Restaurant Decors

Restaurant Decors

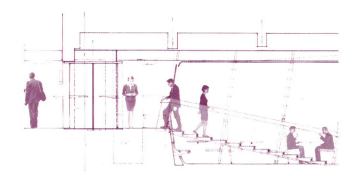

Publisher • Directeur éditorial • Verlagsdirektor
Nacho Asensio
Editors • Rédaction • Redaktion
Agnès Gallifa Hurtado
Victoria Gómez García
Design and layout • Conception et maquette • Design und Layout
Mar Nieto
Translation • Traduction • Übersetzung
William Bain (English)
Christelle Roche (Français)
Rolf Schwarz (Deutsch)
Production • Production • Produktion
Juanjo Rodríguez Novel

Copyright © 2002 Atrium Group
Editorial Project: Books Factory, S.L.
e-mail: books@booksfactory.org

Published by: Atrium Internacional
de México, S.A. de C.V.
Fresas n° 60 (Colonia del Valle)
03200 México D.F. MÉXICO

Tel: +525 575 90 94
Fax: +525 559 21 52
e-mail: atriumex@laneta.apc.org
www.atrium.com.mx

ISBN: 84-95692-10-4
Depósito Legal: B-26478-2002

Printed in Spain
Grabasa

All rights reserved. No part of this publication may be reproduced by any means or procedure, including photocopying, data-processing and distribution of samples by renting or by public loan, without the express written authorization of the holders of the copyright, under the sanctions of the international laws currently in force.

Copyright © 2002 Atrium Group
Projet éditorial : Books Factory, S.L.
e-mail : books@booksfactory.org

Publié par : Atrium Internacional de
México, S.A. de C.V.
Fresas n° 60 (Colonia del Valle)
03200 México D.F. MÉXICO

Tél. : +525 575 90 94
Fax : +525 559 21 52
e-mail : atriumex@laneta.apc.org
www.atrium.com.mx

ISBN : 84-95692-10-4
Dépôt légal : B-26478-2002

Imprimé en Espagne
Grabasa

Tous droits réservés. Toute reproduction de cet ouvrage, même partielle, par tout procédé (reprographie, traitement informatique, distribution d'exemplaires sous forme de location ou de prêt public) et faite sans l'autorisation écrite des titulaires des droits d'auteur est formellement interdite et passible des peines prévues par la loi.

Copyright © 2002 Atrium Group
Verlagsprojekt: Books Factory, S.L.
e-mail: books@booksfactory.org

Herausgegeben von: Atrium
Internacional de México, S.A. de C.V.
Fresas n° 60 (Colonia del Valle)
03200 México D.F. MÉXICO

Telf: +525 575 90 94
Fax: +525 559 21 52
e-mail: atriumex@laneta.apc.org
www.atrium.com.mx

ISBN: 84-95692-10-4
Depot der gesetzlichen
Pflichtexemplare: B-26478-2002

Druck in Spanien
Grabasa

Alle Rechte sind vorbehalten. DasWerk und alle seine Teile sind urheberrechtlich geschützt. Jede urheberrechtsrelevante Verwertung ist ohne schriftliche Zustimmung des Verlages unzulässig und wird nach den geltenden Gesetzen geahndet. Das gilt insbesondere für die gänzliche oder teilweise Reproduktion dieses Werkes mittel jeglicher Medien oder Verfahren wie die Reprografie, die Einspeicherung und Verarbeitung in elektronischen Systemen und die Verteilung der Exemplare durch Verleih oder öffentliche Bibliotheken.

Contents | Table des matières | Inhalt

Introduction 6
Introduction 8
Einleitung 10

Bica do Sapato 12
Como la Espuma 18
Café Veranda 28
Espai Sucre 36
The Brasserie 44
Kin Sushi Bar 52
Renoma Cafe Gallery 58
Comerç 24 64
Kookaï 70
Tortillería Flash Flash 76
MoMah 84
Chez Bon 90
Negro 96
The Peoples Palace 104
El Taxidermista 110
Shu 118
Coses de Menjar 124
Salsitas 130
Korova 138
Abac 144
Georges 150
Silenus 158
El Racó 164
Belgo New York 172
Kursaal Martín Berasategui ... 178
El Principal 184
Felix Restaurant 190
Charlô Restaurant 198
Dionisos 204
Pharmacy 210
Rúccula 216
Les Grandes Marches 222
Lombok 228
Xocoa 234
Fuse 242
Brew Moon 248
Taira 256
Spoon Food&Wine 262
Sikkim 268
East 47 276

Boi na Brassa 282
Oriental 288
Sushi & News 294
Isola 300
Camp 306
La Semproniana 314
Casanova 320
Belgo Zuid Restaurant 328
El Tragaluz 334
Oxo Tower 342
Café Salambó 348
Alcazar 354
Zoo Café 360
Margarita Blue 366
Pou Dols 374
Brasileirão 382
Paper Moon 388
Mandalay Café 396
Wagamama 402
Soho Spice 406
220 Post 414
Agua 418
Magasin Joseph 424
Euronet 430
Pla dels Àngels 440
Grille 5115 446
One Happy Cloud 450
Acontraluz 458
Mash 464
Café Spiaggia 470
Café Teatro 474
Cantaloup 480
El Japonés 486
Belgo Centraal 492
101 CityFood Café 504
Mar Gran 512
Kikuyu 522
Plaza 530
Zutzu 536
Kafka 542
Restaurant Hotel Atoll 550
La Verónica 556
Slokai 562
Trinca Espinhas 568

Introduction

From the very moment of its inception, a book on the design of the best restaurants is bound to include varying points of view regarding a proper selection of the places to be discussed. The book you are holding in your hands offers a panorama of contemporary concepts in architecture, design, and interior decoration that comprises a series of brilliant proposals where the wrapper may mean more than the contents themselves. The frame is not infrequently an ingredient likely to leave in the diner's memory the sensation of a good taste in the mouth. Not in vain: the habit of going out to lunch or dinner responds not only to a social act but also to that of a gustatory experience to take in pride.

The common cliché on the attraction to taste produced by an elegant presentation of dishes can be extended to the mechanisms that enter into the experience at the moment of choosing one's establishment. This is because of what comes about when deciding on the place to pamper the stomach. After all, perception of the surroundings becomes indispensable in satisfying the pleasure of eating. From this it may be deduced that one does not go to a restaurant simply—exclusively—to satisfy one's hunger. There is also a desire to spend an agreeable moment in a setting in keeping with particular appreciations, artistic or else strongly personal. Something in part responsible for the tendency or the burning desire to enjoy the place chosen, both for its decoration and ambience and for its culinary delights, are the architects and the interior decorators from whose drawing boards come the stage trod by those salty or sweet flavors.

There are those who use the name "fooding" to describe what has come to be looked on as an art of living and enjoying the cook's creations in a carefully arranged context. First in London, later in New York, the Parisians were in charge of bringing about this differential act, spotlighting emblematic restaurants. Farther along the road, European and American metropolises spontaneously intensified their efforts to make interior design a carefully seasoned practice. If you wish to participate in what constitutes this tendency today, you will be communing with the space distribution in the locale, the lighting used, the color palette, and the furnishings chosen—a concrete aesthetic staging. To win client enthusiasm, it is not enough to offer exquisite dishes prepared with the best ingredients: you have to study the space carefully and through the professional looking glass. Or else go through the intelligent inspiration of the owner to make it a pretty, striking, serene, or infinite space, according to the creative

idea that came off the drawing board. In this sense, those to whom we attribute the ingenuity of making a restaurant an emblem by way of their concepts of the spatial are the true gurus of interiors.

Underpinning this aesthetic interest, an examination of certain social parameters could be presumed. Legion is the name of those who decide to go out to dine in a restaurant only as a way of getting together with their friends. To do this, they choose a spot they believe to be the right sort of setting. Indubitably the interior decoration, the type of ornamentation and decoration used, as well as the music that accompanies the feast will play an important role in the approbation of this chosen locale. This setting, this ambience can even condition the meal and determine whether the establishment will be visited again, regardless of what is going to be eaten there. This attitude leads the person on the street as well as the gastronomic expert to ask themselves whether they go to a restaurant to "eat the paintings or to feed on the view of the latest model chair by a certain prestigious designer." It may seem exaggerated, but the environment predisposes the visitor quite as much as does the food itself.

After the art of painting plates—the way many of us understood the nouvelle cuisine in our zeal for the artistic arrangement of the dishes served—there emerges a very positive vocation at the hour of converting restaurants into places where we deem it worthwhile to spend our eating time, where care has been taken to please, details do not pass unperceived, and diners see their moods improve. Of course! We are eating in a theatrical spirit, as if sitting down to a table in a restaurant amounted to a staged entrance where a work of art was to be enjoyed and the stage were prepared especially for these same tastes and aromas. If the establishment's design transmits the pretended invention, the visitors will seat themselves comfortably and the food will surely have a better flavor.

Colorist options, minimalist images, spatial deconstruction, oneiric or cinematic evocations, proposals that drink from the fount of op art or from that of the purest Zen style, Art Deco at the very least, and various conflating breakaway concepts that go us one better in the framing of the rooms. This wide array is well represented in the pages that follow. Besides, innumerable surprises await that are not easily classified because of the unrepeatable imagination of the creator who conceived them.

Readers are invited to sit themselves down at the table, understanding that the joy of eating begins with the dish served and is prolonged by rich canopies, columns, and lighting effects, like an extension of the art of gastronomy conceived as total art.

Introduction

Lorsque naît l'idée de faire un livre sur les meilleurs restaurants en matière de design, il convient d'abord de préciser les critères qui déterminent la sélection de ceux-ci. Le lecteur a sous les yeux un panorama de concepts actuels en matière d'architecture, de design et d'architecture d'intérieur, concrétisés par de brillantes propositions dans lesquelles le contenant revêt parfois plus d'importance que le contenu. Bien souvent, le cadre choisi est considéré comme un ingrédient indissociable de l'appétit, censé également laisser un goût agréable dans la mémoire gastronomique du convive. Il n'est pas anodin que le fait d'aller déjeuner ou dîner à l'extérieur ne constitue pas seulement un acte social, mais aussi une rencontre avec des saveurs que le palais apprécie.

L'idée répandue concernant l'attraction qu'exerce sur le goût une bonne présentation des plats peut également s'appliquer aux mécanismes qui interviennent à l'heure de choisir l'établissement. Cela est dû à la relation sensitive qui entre en jeu à l'heure de choisir le lieu dans lequel l'estomac sera honoré, la perception de l'environnement étant un facteur indispensable pour que le plaisir de manger soit total. Ainsi, aller au restaurant est un acte qui ne vise pas uniquement à rassasier la faim, mais aussi – et parfois exclusivement – à passer une soirée agréable dans une ambiance qui répond à des aspirations particulières, artistiques ou simplement dans l'air du temps. Parmi les responsables de cette tendance, voire de cette fièvre, de valoriser le local tant pour son décor et son atmosphère que pour les recettes qui s'y dégustent, il faut citer les architectes et les architectes d'intérieur, qui rêvent des cadres aux arômes sucrés et salés.

Le mot "fooding" est parfois prononcé pour désigner ce que l'on définit aujourd'hui comme un art de vivre et d'apprécier la cuisine dans un cadre soigné. Après Londres, puis New York, c'est Paris qui s'est vu confier le rôle de faire émerger cette nouvelle attitude, en dévoilant des restaurant emblématiques.

Dans son sillage, les principales villes européennes ont spontanément intensifié leurs efforts pour faire du design d'intérieur une pratique assaisonnée avec le plus grand soin.

Pour contribuer à ce qui est aujourd'hui une tendance, il convient de communiquer un pari esthétique concret à travers la distribution du local, l'éclairage utilisé, la palette de couleurs et le mobilier sélectionnés. Pour gagner l'enthousiasme de la clientèle, il ne suffit pas d'offrir des plats exquis élaborés avec les meilleurs ingrédients. Il faut également étudier l'espace en détail, et grâce à l'imagination du professionnel ou à l'inspiration intelligente du propriétaire, le transformer en une enceinte qui soit jolie, étonnante, sereine ou encore interminable, selon le projet créatif. En ce sens, ceux à qui l'on reconnaît le génie de savoir convertir un restaurant en emblème grâce à son concept spatial sont considérés comme de véritables gourous d'intérieurs.

Derrière cet intérêt esthétique, certains paramètres sociaux entrent en jeu, qu'il convient d'examiner. Pour beaucoup, aller déjeuner ou dîner dans un restaurant est principalement perçu comme une occasion de se réunir entre amis. Ils choisissent pour cela un endroit susceptible de créer l'ambiance appropriée. Sans aucun doute, l'architecture d'intérieur, le type de décoration utilisé et la musique qui accompagnent le banquet jouent un rôle important dans l'approbation du local. Cela peut même avoir une incidence sur ce qui sera servi dans l'assiette, car si l'établissement parvient à susciter l'adhésion, ce qui va être mangé n'a qu'une moindre importance. Cette attitude amène certains observateurs du quotidien et autres critiques gastronomiques à se demander si l'on se rend dans un restaurant pour "en manger les cadres ou s'alimenter de la vision du dernier modèle de chaises de tel designer prestigieux". Même si cela semble exagéré, il est vrai que l'environnement influe sur le convive autant que le fini des mets en eux-mêmes.

Après l'art de peindre les assiettes - qui est pour beaucoup la définition de la nouvelle cuisine, de par sa prétention artistique dans la disposition des aliments - une ambition très positive a émergé. Elle consiste à transformer les restaurants en des lieux qui méritent qu'on y passe du temps à l'heure de manger, qui distillent une passion pour le traitement du cadre, où les détails ne passent pas inaperçus et où le convive se découvre un nouveau talent : celui de manger dans un esprit théâtral, comme si s'asseoir à la table d'un restaurant était la porte ouvrant sur une œuvre à déguster et que le décor était spécialement conçu pour accueillir des saveurs et des arômes. Si le design du local transmet l'inventivité recherchée, le convive se sentira à l'aise et le repas en sera certainement meilleur.

Options de couleur, images minimalistes, décomposition de l'espace, évocations oniriques ou cinématographiques, propositions inspirées de l'op'art ou du style zen le plus pur, emprunts à l'Art déco et autre options qui accumulent les concepts rupturistes et font un pas en avant dans la projection structurelle : ce vaste éventail est amplement illustré dans les pages qui suivent. En outre, d'innombrables surprises attendent le lecteur, inclassables en raison de l'imagination extraordinaire de leur créateur.

Le lecteur est invité à s'attabler en gardant à l'esprit que la jouissance du palais commence avec la sauce et se prolonge dans les baldaquins, les colonnes et les lampes, l'art de la gastronomie devenant ainsi une œuvre d'art à part entière.

Einleitung

Von dem Moment an, in dem die Idee angesprochen wird, ein Buch über das Design der besten Restaurants zu schreiben, werden die Gesichtspunkte markiert, die ihre adäquate Auswahl begrenzen. Der Leser hat vor seinen Augen einen Überblick über die aktuellen Konzepte in Architektur, Design und Innenarchitektur, die brilliante Vorschläge ins Licht rücken, in denen das Drumherum mitunter wichtiger sein kann, als der eigentliche Inhalt. Der gewählte Rahmen ist nicht selten für den Appetit eine Zutat mehr, die einen guten Nachgeschmack im gastronomischen Gedächtnis des Gastes hinterlässt. Nicht umsonst bildet die Gewohnheit zum Mittagessen oder Abendessen auszugehen nicht nur einen sozialen Akt sondern ebenfalls eine Begegnung mit bekannten oder neuen Gaumengenüssen.

Das allgemeine Klischee über die grosse Anziehungskraft, die eine gelungene Präsentation der Gerichte hervorruft, kann man auch auf jene Mechanismen ausweiten, die bei der Auswahl des Lokales intervenieren. Dies hängt nicht zuletzt mit mit der sensitiven Beziehung zusammen, die bei der Entscheidung für das Lokal existiert in dem der Magen bewirtet werden soll. Die Wirkung des Umfeldes ist nämlich zur Befriedigung des Essgenusses unerlässlich. Man geht also von daher nicht nur zur Sättigung des Hungers ins Restaurant sondern - und dies mitunter ausschliesslich - um einen Abend in angenehmer Gesellschaft zu verbringen, umgeben von einem harmonischem Ambiente mit einzigartiger, künstlerischer oder aktueller Wertschätzung. Ein Teil der Verantwortung für die Tendenz oder das Fieber, das Lokal ebenso nach seiner Dekoration und seinem Ambiente als auch nach seinen gekosteten Rezepten zu bewerten, sind die Architekten und Innenarchitekten, die Szenarien mit salzigen und süssen Aromen schaffen.

Einige Stimmen stimmen bereits den Namen *Fooding* an, um das zu benennen, was neuerdings als Kunst zu leben und das Essen in einem gepflegten Rahmen zu geniessen definiert wird. Zuerst in London und ein bisschen später in New York, lag es schliesslich an Paris, jene differenzierende Tat zu vollbringen und emblematische Restaurants zur Schau zu stellen. In der Folge haben die wichtigsten europäischen und amerikanischen Städte spontan ihre Anstrengungen intensiviert, aus dem Innendesign eine mit allen Zutaten und höchster Sorgfalt angerichtete Praxis zu machen. Wenn man heutzutage den Trends folgen will, sollte man über die Aufteilung des Lokals, die verwendete Beleuchtung und Farbpalette sowie die Auswahl des Mobiliars eine konkrete Ästhetik vermitteln. Um den Enthusiasmus der Kundschaft zu

gewinnen, reicht es heute nicht mehr aus, exquisite und mit den besten Zutaten präparierte Gerichte anzubieten: Es ist notwendig, den vorhandenen Raum ausführlich zu studieren und mit dem Verstand des Profis oder der intelligenten Inspiration des Besitzers je nach der projektierten kreativen Idee in einen schönen, beeindruckenden, heiteren oder unendlichen Bereich zu verwandeln. In diesem Sinn sind diejenigen, die das Genie besitzen, ein Restaurant wegen seines räumlichen Konzeptes in ein Emblem zu verwandeln, als wahre Gurus der Innenarchitektur angesehen.

Hinter diesem ästhetischem Interesse könnte man die Überprüfung bestimmter sozialer Parameter vermuten. Viele gehen heute zum Abendessen in ein Restaurant, nur um sich mit Freunden zu treffen. Und dafür wählen sie einen Ort aus, in dem das geeignete Ambiente geschaffen wird. Zweifellos ist es die Innenarchitektur, die verwendete Dekoration und nicht zuletzt auch die Musik, die das Festessen begleitet, können eine wichtige Rolle bei der Auswahl des Lokals spielen. Es kann sogar das konditionieren, was auf dem Teller serviert wird. Und wenn das Lokal es schafft eine Adiktion zu provozieren, ist es auch nicht mehr so wichtig, was gegessen wird. Dieses Verhalten hat die gewöhnlichen Betrachter und Gastronomie-Kritiker zu der Frage veranlasst, ob man heutzutage in einRestaurant geht um «die Bilder zu essen oder sich von dem Anblick des neuesten Stuhlmodells eines bestimmten Designers mit Prestige zu ernähren». Auch wenn letzteres eine Übertreibung scheint, ist es dennoch sicher, dass das Umfeld den Gast ebenso prädisponiert wie das eigentliche Essen.

Nach der Kunst die Gerichte zu malen, so wie viele die Nouvelle Cuisine in ihrem Streben nach der künstlerischen Darstellung des Essens verstanden, erscheint eine neue und sehr positive Vokation, die Restaurants in Orte zu verwandeln, an denen es sich lohnt, die Zeit beim Essen zu verbringen; wo man ein Gefühl für die Pflege des Umfeldes bemerkt; wo die Details nicht verschwunden bleiben; und wo der Gast eine neue Rolle bekommt: zu essen mit einem theatralischem Geist, als ob der Stuhl am Tisch eines Restaurants der Sitz eines Theaters wäre, gedacht zur Ergötzung an einem Theaterstück, und als ob die Bühne und Kulissen einzig und allein zur Aufnahme von Geschmäckern und Aromen präpariert wäre. Wenn das Lokal den beabsichtigten Einfallsreichtum vermittelt, wird sich der Gast gemütlich fühlen und die Speisen werden mit Sicherheit einen besseren Geschmack haben.

Farbige Optionen, minimalistische Bilder, die Auflösung des Raumes, traumhafte oder cinematografische Erinnerungen, Vorschläge die aus dem Op-art oder dem reineren Stil Zen schöpfen, einige wenige aus dem Art-déco und verschiedene von ihnen verbinden innovative Konzepte die einen Schritt mehr tun in Richtung struktureller Projektion. Die breite Spektrum verfügt über gute Beispiele auf den nachfolgenden Seiten. Überdies warten unbenennbare Überraschungen, die wegen unnachahmlichen Phantasie des Erschaffers keine Klasifizierung akzeptieren.

Der Leser ist eingeladen, sich an den Tisch zu setzen und zu verstehen, dass der Gaumengenuss bei der zubereiteten Speise beginnt und sich über Baldachine, Säulen und Festbeleuchtung fortsetzt, wie eine Ausdehnung der Kunst der Gastronomie und konzipiert als ein Gesamtkunstwerk.

Bica do Sapato

Project | Projet | Entwurf: **Margarida Grácio Nunes y Fernando Sanchez Salvador**

Location | Situation | Stadt: **Lisboa, Portugal**

Inauguration | Année d'inauguration | Eröffnungsjahr: **1999**

One of the most modern spots in the Portuguese capital, the Bica do Sapato is in a duplex building that was once a warehouse, in the always magical quarter of Alfama. A sugary Portuguese idea laced with French cooking flavors, it is restaurant, café and sushi bar. These three ingredients still represent the innovative in the Lisbon night.

The space is divided into thirds. On the ground floor, the café and restaurant are separated by a small waiting area with a grand Futurist-inspired panel inside a large metal screen. This screen rises up to the next floor, where the sushi bar is located. Note the collection of extravagant *objets* arranged there, especially those harking back to the 50s.

Un des locaux les plus modernes de la ville lusitanienne est un ancien magasin en duplex, le "Bica do Sapato", situé dans le quartier éternellement magique de l'Alfama. Une proposition portugaise sirupeuse avec quelques bonnes touches de cuisine française. Restaurant, cafétéria et bar à sushi sont les trois ingrédients de ce concept encore novateur dans la nuit lisbonnaise.

L'espace se divise en trois secteurs. Le rez-de-chaussée abrite la cafétéria et le restaurant. Une petite salle d'attente les sépare, dans laquelle se distingue un panneau futuriste enveloppé dans un grand écran de métal qui s'élève jusqu'à l'étage supérieur, réservé au bar à sushi. La collection d'objets extravagants qui s'y donnent rendez-vous vaut le coup d'œil ; tout particulièrement, ceux qui saluent l'imagination des années 50.

Eines der der sehr modernen Lokale der lusitanischen Stadt ist eine ehemalige doppelte Lagerhalle, das Bica do Sapato, das sich in dem immer magischen Viertel von Alfama befindet. Ein portugiesischer Vorschlag versüsst mit guten französischen Geschmäckern in der Küche. Restaurant, Cafeteria und Sushi-Bar sind die drei Zutaten dieses noch innovativen Konzeptes im Nachtleben von Lissabon. Der Raum ist in drei Bereiche aufgeteilt. Im Erdgeschoss funktioniert die Cafetería und das Restaurant, die durch einen kleinen Wartesaal getrennt sind. Hier sticht ein futuristisches Paneel hervor, das sich eingehüllt in einem grossen Metallschirm bis zum oberen Stockwerk erhebt, wo sich die Sushi-Bar befindet. Wichtig ist auch, die hier sich befindliche Sammlung extravaganter Objekte hervorzuheben, insbesondere jene, die die Phantasie der 50er Jahre wiederbeleben.

The exclusive views of the River Tejo and the restaurant + night spot combination make the Bica do Sapato one of Lisbon's cosmopolitan reference points. The idea was to create an anteroom for what, a few hours on, becomes a disco.

Les vues imprenables sur le Tage et la proposition d'un local dans lequel on peut tout aussi bien se restaurer que boire un verre font du Bica do Sapato une des références cosmopolites de Lisbonne. En fait, l'idée était de créer une sorte d'antichambre pour ce qui devient, quelques heures plus tard, une discothèque.

Die exklusive Aussicht über den Fluss Tejo und der Vorschlag als Esslokal und Cocktailbar machen aus dem Bica do Sapato eines der kosmopolitischsten Lissabons. Die Ideee war eigentlich, eine Art Vorzimmer zu kreieren, aus der Stunden später eine Diskothek wird.

Some of the ornamental objects are part of privileged collections. The large panel shown here, with strongly Futurist symbolism, is one of the plastic creations present at this meeting place of current trends.

Certains éléments de la décoration appartiennent à des collections privilégiées. Le grand panneau qui montre l'image, d'une forte symbolique futuriste, est une des créations plastiques qui se donnent rendez-vous à ce carrefour de la modernité la plus actuelle.

Einige der dekorativen Objekte sind Teil privilegierter Kollektionen. Das grosse Paneel, das das Bild mit einem starken Symbolismus zeigt, ist eines der Plastiken, die sich in diesem Treffpunkt der aktuellsten Modernität befinden.

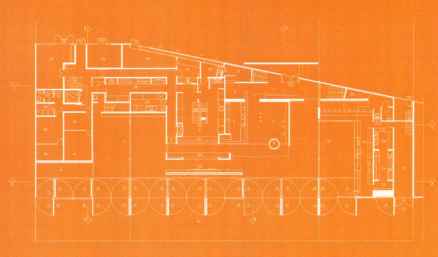

BICA DO SAPATO ARMAZÉM B ST. APOLÓNIA   RESTAURANTE - PISO 0

Como la Espuma

Project | Projet | Entwurf: **Enric Picó**

Location | Situation | Stadt: **Barcelona, España**

Inauguration | Année d'inauguration | Eröffnungsjahr: **2001**

Como la Espuma (Like Foam) arose out of a refurbishing project for a restaurant specializing in Basque cuisine. The interior decoration bases itself on the concept of sea foam. Tabletops, made of three kinds of tempered glass with the middle layer fissured, evoke the waves breaking on the shore. The colored candles on these tables create reflections and an interplay of light and colors like the sun on the sea. In addition to all of this, the restaurant's decor is buttressed by multi-media projections of images with organic themes that emphasize the main argument, sea foam, which thus recurs in each design element.

Como la Espuma est né du projet de réhabilitation d'un ancien restaurant de spécialités basques. La décoration intérieure brode sur le thème de l'écume. Ainsi, le plateau des tables, formé de trois morceaux de verre trempé dont celui du milieu est fissuré, évoquent les vagues de la mer se brisant sur le rivage. Les bougies de couleur posées sur les tables créent des reflets et des jeux de couleur semblables à ceux que le soleil compose sur la mer. En outre, la décoration du restaurant est complétée par une projection multimédia de représentations de motifs organiques, qui mettent l'accent sur l'argument récurrent de ce projet : l'écume.

Como la Espuma geht aus einem Projekt hervor, mit dem ein ehemaliges Restaurant baskischer Küche rehabilitiert werden sollte. Die Dekoration im Interieur dreht sich um das Konzept des Schaumes. Auf diese Weise ahmen die Platten der Tische, bestehend aus drei gehärteten Glasscheiben und mit Rissen in der mittleren Glasscheibe, die Wellen des Meeres nach, wenn sie am Strand brechen. Die farbigen über den Tischen situierten Kerzen kreieren Lichtreflexe und Spiele der Farben, die die untergehende Sonne auf der Meeresoberfläche hinterlässt. Überdies wird die Dekoration des Restaurants mit Multimedia-Projektionen von Bildern mit organischen Motiven komplementiert, die jenes Argument betonen, das immer wieder und permanent in jedem Element des Projetes auftaucht: der Schaum.

The recurring leitmotif of the interior decoration of the restaurant is sea foam. This is the natural element that gives the restaurant its name.

L'écume est un leitmotiv dans la décoration intérieure du restaurant. Tant est si bien que cet élément naturel a donné son nom à ce local reconnu.

Das Leitmotiv, das permanent in Dekoration des Restaurant-Interieurs auftaucht, ist der Schaum. Dieses natürliche Element gab nicht zuletzt diesem anerkannten Lokal seinen Namen.

The designers play up the idea of foam as a collection of bubbles forming on the surface of liquids. This becomes a well-adapted image for the ornamentation of a restaurant since boiling is indispensable in many cooking recipes.

Les concepteurs du lieu rappellent que l'écume est un ensemble de bulles se formant sur les superficies liquides. Le thème constitue une image appropriée pour la décoration d'un restaurant, l'ébullition étant nécessaire dans un grand nombre de recettes de cuisine.

Die Designer erinnern daran, das der Schaum ein Gefüge von Blasen ist, die sich auf Oberflächen von Flüssigkeiten bilden. Das Motiv verwandelt sich in ein adäquates Bild für die Dekoration eines Restaurants, da das Sieden in den grössten Teilen der kulinarischen Rezepte unerlässlich ist.

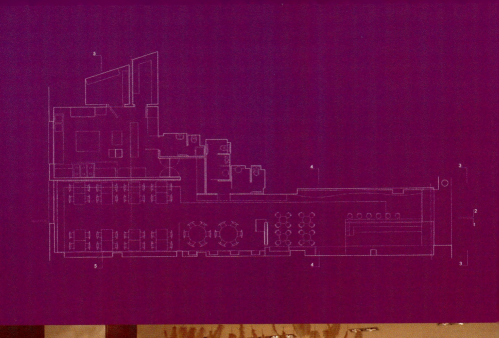

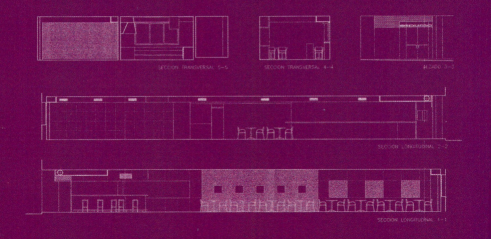

Foam, as the primary mise-en-scene element in the restaurant's interior decoration, favors the designers' evocation of natural motifs, such as water, light, or riverbed pebbles.

L'écume, argument principal de la décoration du restaurant, amène ses créateurs à évoquer des thèmes liés à la nature tels que l'eau, la lumière ou les pierres de la rivière.

Der Schaum als grundlegendes Argument in der Dekoration des Restaurantes erleichtert den Designern, natürliche Motive wie das Wasser, das Licht oder die Steine im Fluss.

Café Veranda

Project | Projet | Entwurf: **Sandra Tarruella Esteva, Isabel López Vilalta**

Location | Situation | Stadt: **Barcelona, España**

Inauguration | Année d'inauguration | Eröffnungsjahr: **2000**

The inside becomes the outside could be the maxim defining the reform work for the Café Veranda, housed in Barcelona's Hotel Arts. From the decision to re-do the glassed wall, previously bricked over, the idea emerged of using a parchment-type paper. Backlighted, this facing also illuminates three of the locale's four walls and becomes the elegant salon's most characteristic feature. The whole clearly gains in natural light with the gardened terrace and the lighted window boxes, replete with bamboo.

To achieve an elegant setting, a light feeling was conferred on the arrangement of the interior through the center-stage use of only two large elements. An appreciation of those rectangular plaster additions in the ceiling is the key to reading the empty atmosphere, almost Oriental, which the diner may enjoy in the Café Veranda.

"L'intérieur se fait extérieur" pourrait être la devise qui définit la rénovation du Café Veranda, implanté dans l'Hôtel Arts de Barcelone. La décision de réutiliser la façade vitrée, auparavant murée, a amené l'idée d'utiliser un papier de type parchemin. Illuminé par derrière et offrant sa lumière à trois des quatre murs du local, il forme le trait le plus caractéristique de l'élégant salon. Incontestablement, l'ensemble y a gagné en lumière naturelle, donnant à la terrasse des airs de jardin et illuminant les bacs débordants de bambous.

Pour créer une ambiance élégante, l'intérieur a été distribué avec légèreté, se basant sur deux grands meubles uniques au centre de l'espace. La trame rectangulaire en plâtre figurant au plafond illustre l'atmosphère de vacuité et les nuances presque orientales que le convive peut apprécier au Café Veranda.

Das Innere wird zum Äusseren - dies könnte das Maxim sein, mit dem die Reformierung vom Café Veranda im Hotel Arts in Barcelona zu definieren ist. Von der Entscheidung ausgehend, die früher abgedeckte Glas-Fassade wiederzugewinnen, wurde als Wandpaneel eine Art Pergamentpapier benutzt, das von hinten beleuchtet, an drei der vier Wände Licht spendet und damit zum charakteristischen Merkmal des eleganten Salons wird. Ohne Zweifel hat die Gesamtheit an natürlichem Licht gewonnen, nicht zuletzt durch die Verwandlung der Terrasse in einen Garten und der Beleuchtung der mit Bambus gefüllten Blumenkästen. Um das elegante Ambiente zu schaffen, plante man die innere Verteilung sehr leicht ausgehend von den zwei einzigen Möbeln im Zentrum des Raumes. Wer die rechteckigen Muster aus Gips an der Decke zu schätzen weiss, versteht die leere, fast schon mit orientalischen Nuancen ausgestattete Atmosphäre, die der Gast im Café Veranda geniessen kann.

The backlighted parchment panel is the most characteristic feature of this restaurant salon. The light projected into the space combines hints of the Oriental along with a Mediterranean elegance.

Le panneau lumineux composé de papier-parchemin est le trait le plus caractéristique de ce salon utilisé comme restaurant. La lumière projetée sur l'espace ajoute des connotations orientales à son élégance méditerranéenne.

Das Leuchtpaneel aus Pergamentpaier ist das charakteristischste Merkmal dieses als Restaurants benutzten Salons. Das auf den Raum projezierte Licht addiert orientalische Konnotationen zu der mediterranen Eleganz.

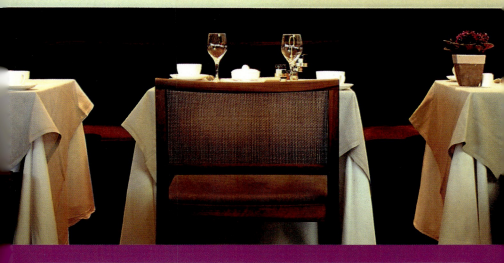

The austere-cut furnishings use wengué wood with matte varnish and matte-finished stainless steel to transmit the sensation of structural starkness.

Le mobilier, aux formes austères, utilise du bois de wengue passé au vernis mat et de l'acier inoxydable mat pour donner une impression de netteté structurelle.

Das Mobiliar mit strengen Formen benutzt das Holz von wengué mit matter Lackierung und mattem rostfreiem Stahl, um die Sensation von struktureiler Sauberkeit zu vermitteln.

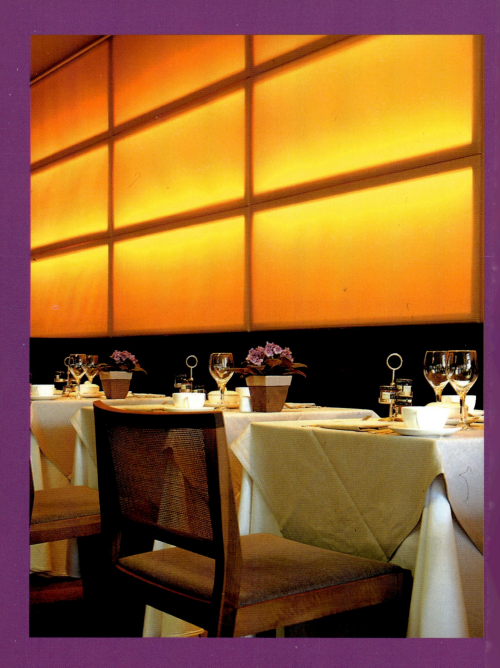

Three of the four walls are lighted, two of them with natural light. A complement to this is the rectangular plaster piece on the ceiling with spotlights focused on the tables.

Trois des quatre murs sont éclairés, dont deux par la lumière naturelle. En complément, la trame rectangulaire de plâtre utilisée au plafond diffuse une lumière ponctuelle sur les tables.

Drei der vier Wände sind mit Licht ausgestattet und zwei von ihnen mit natürlichem Licht. Als Komplement gibt auch das rechteckige Muster über den Tischen punktuelles Licht.

Espai Sucre

Project | Projet | Entwurf: **Alfons Tost**

Location | Situation | Stadt: **Barcelona, España**

Inauguration | Année d'inauguration | Eröffnungsjahr: **2000**

The wisdom of those who make use of the basic, the essential, of absence, to create a richness of content will understand that an austere restaurant can serve as a magnet for dynamic people wanting to know new things. This is even truer when it is a question of a dessert restaurant by night and a confectionery school during the day.

The space is clearly set out in three parts: dining room, kitchen, and classroom. By taking out one wall, the dining room was enlarged. A kitchen with a strong industrial look was used, combining Silestone and stainless steel. In the classroom, long Formica-topped tables in matte orange link together for use as dining room table or as work tables for classes in confectionery.

Qui est assez sage pour voir dans le basique, l'essentiel et dans l'absence, la richesse de contenu peut comprendre qu'un restaurant austère puisse agir comme un aimant sur des personnes dynamiques et assoiffées de nouveauté. Plus encore lorsqu'il s'agit d'un restaurant de desserts le soir et d'une école de pâtisserie le jour.

L'espace a été distribué en trois secteurs : salle à manger, cuisine et coin Privé / salle de classe. Un mur a été abattu pour offrir plus d'espace à la salle à manger. La cuisine, d'aspect fortement industriel, associe Silestone et acier inoxydable. Dans le coin Privé, de grandes tables en formica orange mat se modulent pour être utilisées soit comme tables de salle à manger, soit comme plans de travail pour réaliser les pâtisseries.

Wer das Wissen um das Grundlegende, das Essentielle, der Abwesenheit und des Reichtums des Inhaltes besitzt, kann verstehen, dass ein schmuckloses Restaurant ein Magnet für dynamische Leute ist, die Lust haben, neue Dinge kennenzulernen. Und mehr noch, wenn es sich um ein Restaurant für Desserts in der Nacht und am Tag um eine Schule für Süssigkeiten handelt. Der Raum ist in drei Bereiche aufgeteilt worden: Speisesaal, Küche und eine Aula-Separé. Mit der Eliminierung einer Wand hat man eine Vergrösserung des Raumes erreicht. Benutzt wird eine Küche mit starkem Grossküchen-Charakter, die silestone und und rostfreien Stahl kombiniert. In der reservierten Aula artikulieren sich lange Tische mit mattorangenem Überzug zur Nutzung als Esstisch oder als Arbeitsfläche zur Durchführung von Praktiken der Konditorei.

As a distinctive touch, the bathrooms are in a black ceramic. The lighting was solved via a halogen system in the ceiling accompanied by light sources on each table.

Pour offrir un contraste, les toilettes ont été réalisées en matériau opaque de céramique noire. La solution d'éclairage du local repose sur l'usage de lampes halogènes fixées au plafond, complétées par des sources lumineuses sur chaque table.

Als zur Gesamtheit unterscheidendes Element wurden die Bäder mit schwarzer Keramik dunkel eingerichtet. Die Beleuchtung des Lokals wurde mit Halogen-Lampen in der Decke gelöst, begleitet mit Lichtquellen auf jedem Tisch.

Four large iron doors are part of a moving wall separating or connecting the kitchen. A black wall extends from the kitchen to the classroom, uniting both, and is used as a blackboard during classes.

Quatre grandes portes en fer forment une paroi mobile qui sépare ou assemble le coin Privé et la cuisine. Une paroi noire s'étend entre ces deux espaces, les reliant et fait office de tableau noir dans la salle de classe.

Vier grosse Türen aus Eisen bilden eine bewegliche Wand, die das Separé von der Küche trennt oder sie verbindet. Eine schwarze Wand erstreckt sich von der Küche in die Aula als eine Art Verknüpfung der beiden Räume; sie wird in der Aula als eine Schultafel benutzt.

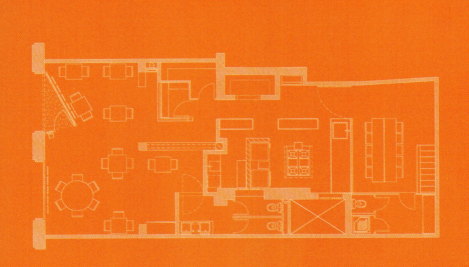

In the window looking onto the street is a row of large metal structures with large letters spelling the name of the restaurant, ESPAI SUCRE.

Derrière les vitres, visibles de l'extérieur, des structures métalliques soutiennent des lettres formant le nom du restaurant : ESPAI SUCRE.

Hinter den Glasscheiben, die man von aussen sieht, wurden einige Metallstrukturen installiert, auf denen sich die Buchstaben des Namens des Restaurants befinden, ESPAI SUCRE.

Very simple furnishings give an idea of the locale's plastic aesthetic. The chairs are the Doctor No model by Philippe Starck. The iron tables are on a pattern by the interior decorator, finished in the color of the material itself.

Les pièces du mobilier, très simples, illustrent l'esthétique plastique du local. Les chaises, "Doctor No", sont signées Philippe Starck. Le design des tables en fer est signé par l'architecte d'intérieur. Leur couleur de finition est celle du matériau brut.

Sehr einfache Teile des Mobiliars geben eine Idee der plastischen Ästhetik des Lokals. Die Stühle sind das Modell Doctor No von Philippe Starck. Die Tische aus Eisen folgen einem Design des Innenarchitekten in der Farbe des Materials verarbeitet.

The Brasserie

Project | Projet | Entwurf: **Elizabeth Diller, Ricardo Scofidio**

Location | Situation | Stadt: **New York City, U.S.A.**

Inauguration | Année d'inauguration | Eröffnungsjahr: **2000**

The Brasserie is a new restaurant on the ground floor of the mythical Seagram Building by Mies van der Rohe. The locale is based on a visual play ironically using a material like glass: in spite of being located in the Seagram Building, the first glass tower of the twentieth century, the restaurant is totally vision free. Diller and Scofidio create a certain irony for those who decide to go into The Brasserie. A sensor in the revolving door sets off a photographic snapshot of the client and adds it to the ever-changing exhibition of faces taking place on a row of television screens over the bar. This trick, aside from exemplifying the social aspect of eating, shows The Brasserie as very contemporary, essentially cosmopolitan, where what dominates are the sober lines of the wood contrasting with the metals used and the transparency of the glass.

The Brasserie est un nouveau restaurant situé au rez-de-chaussée du bâtiment mythique Seagram de Mies van der Rohe. Le local propose un jeu visuel fondé sur l'utilisation ironique du verre : bien qu'étant situé dans le Seagram Building, la première tour de verre construite au xxème siècle, le restaurant n'offre aucune vision. Diller et Scofidio proposent une ironie à ceux qui décident d'entrer dans The Brasserie. Un capteur installé sur la porte à tambour de l'établissement prend une photographie instantanée du client. Celle-ci vient s'ajouter à l'exposition de visages, toujours changeante qui est présentée dans une rangée d'écrans de télévision située au dessus de l'étagère à bouteilles du comptoir. Ce truc, en plus d'illustrer l'aspect social de l'acte de manger, présente The Brasserie comme un local très au goût du jour, d'essence cosmopolite. Les lignes sobres du bois y contrastent avec les métaux et la transparence du verre.

The Brasserie ist ein neues Restaurant im Erdgeschoss des Mythischen Gebäudes Seagram von Mies van der Rohe situiert. Das Lokal entwirft ein Spiel der Sicht mit der ironischen Nutzung eines Materials wie das Glas: Obwohl das Restaurant im Seagram Building, dem ersten Turm aus Glas des xx. Jahrhunderts, situiert ist, hat es absolut keine Sicht. Diller y Scofidio ironisieren all jene die sich zum Eintritt in The Brasserie entscheiden. Ein Sensor in der Drehtür des Lokals entfacht eine Momentaufnahme des Kunden, die die sich permanent ändernde Ausstellung von Gesichtern ergänzt, die auf einer Reihe von Bildschirmen über dem Flaschenregal an der Theke stattfindet. Dieser Trick und nicht zuletzt der mit Beispielen belegte soziale Aspekt des Essens zeigt The Brasserie als ein sehr modernes Lokal, kosmopolitisch in seinem Wesen, in dem die nüchternen Linien des Holzes im Kontrast zu dem Metall und der Transparenz des Glases dominieren.

The Brasserie presents itself as an up-to-date place where what dominates are the sober lines of the wood contrasting with the metals used and the transparency of the glass.

The Brasserie se présente comme un local très au goût du jour dans lequel dominent les lignes sobres du bois, contrastant avec les métaux et la transparence du verre.

The Brasserie präsentiert sich als modernes Lokal, in dem die nüchternen Linien des Holzes im Kontrast zu dem Metall und der Transparenz des Glases dominieren.

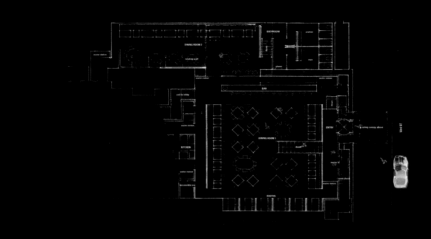
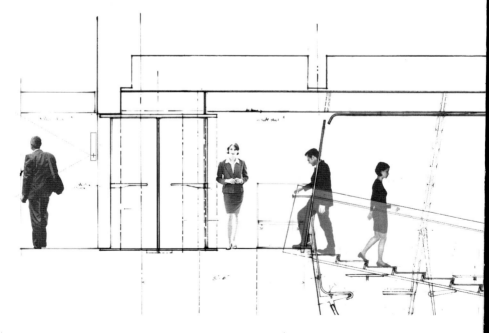

The Brasserie is a new restaurant located on the ground floor of the mythical Seagram Building by Mies van der Rohe.

The Brasserie est un nouveau restaurant situé au rez-de-chaussée du bâtiment mythique Seagram de Mies van der Rohe.

The Brasserie ist ein neues Restaurant im Erdgeschoss des mythischen Gebäudes Seagram von Mies van der Rohe.

Kin Sushi Bar

Project | Projet | Entwurf: **Toño Foraster, Victoria Garriga; Imma Gascón**

Location | Situation | Stadt: **Barcelona, España**

Inauguration | Année d'inauguration | Eröffnungsjahr: **2000**

The juxtaposition of opposites offers creative possibilities such as the one that has developed out of the Kin Sushi Bar, a Japanese take-away with sushi bar attached. The modern image coexists with strict tradition, Oriental themes are reinvented from an Occidental angle, and Buddhism and Shinto join wavelengths. The Kin Sushi Bar as a whole is surprising for the explosive charge of its aesthetic. The graphic aspect is very important for the diner to be able to take visual nourishment from the posters and other images alluding to Oriental culture. The ground floor is laid out like a Japanese bar service where the client sees the sushi being prepared. A side stair on one wall leads upstairs, where groups of tables and chairs are arranged for dining.

La juxtaposition des contraires offre de multiples possibilités créatives, ce qu'illustre le Kin Sushi Bar, un pari lancé sur la cuisine japonaise à travers un service de vente à emporter et un bar à sushi. L'image moderne y côtoie la tradition stricte, le thème oriental y est réinventé sous une optique occidentale et le bouddhisme s'y conjugue avec le shintoïsme. L'ensemble surprend par la charge explosive de son esthétique. L'aspect graphique revêt une importance particulière, de manière à alimenter visuellement le convive avec des écriteaux et des images évoquant la culture orientale. Le rez-de-chaussée propose un service au comptoir de cuisine japonaise, où le client peut assister à l'élaboration des sushi. Un escalier latéral, attenant au mur, mène à l'étage supérieur où l'on trouve des tables et des chaises.

Die Gegenüberstellung von Gegensätzlichem bietet kreative Möglichkeiten, wie man es in der Kin Sushi Bar sieht, in der japanisches Essen mit Take-away-Service und überdies eine Sushi-Bar geboten werden. Das moderne Aussehen lebt hier mit der strikten Tradition zusammen, die orientalischen Klisches werden nach abendländischen Gesichtspunkten neu erfunden und der Budhismus mit dem Shintoismus im Einklang ist. Die Gesamtheit überrascht durch ihre explosive Ladung an Ästhetik. Der graphische Aspekt ist sehr wichtig, damit der Gast sich visuell Schriften und Bildern ernährt, die auf die orientalischen Kultur anspielen. Das Erdgeschoss ist als japanischer Theken-Service konzipiert, wo der Kunde die Zubereitung des Sushi verfolgen kann. Eine seitliche an der Wand angebrachte Treppe führt zur oberen Etage, die für Tischgruppen und Stühle bestimmt sind.

The ground floor bar, ideal for counter lunches, is in solid walnut with a stainless steel front panel. The stools are the Bombo model, by Magis. As backdrop, a large lighted case with the image of a sumo wrestler.

Au rez-de-chaussée, le comptoir - idéal pour déjeuner le midi - est réalisé en noyer massif naturel et en acier inoxydable pour la partie avant. Les tabourets "Bombo" sont signés Magis. Dans le fond, une grande boîte lumineuse expose l'image d'un sumo.

Die zum Mittagessen ideale Theke im Erdgeschoss ist in natürlichem und massivem Nussbaumholz mit Kontrast zum rostfreien Stahl gehalten. Die Hocker sind das Modell Bombo von Magis. Als Hintergrund ein grosser beleuchteter Kasten mit dem Bild eines Sumo-Kämpfers.

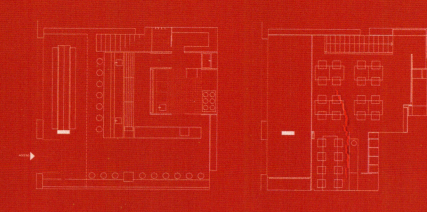

Renoma Cafe Gallery

Project	Projet	Entwurf: **Maurice Renoma**
Location	Situation	Stadt: **Paris, France**
Inauguration	Année d'inauguration	Eröffnungsjahr: **2001**

The Renoma Café Gallery has adapted a New York style loft into a fusion between an exhibition gallery for photographs and design and a library-smoking room in a stylish restaurant. Maurice Renoma, a well-known designer and photographer, rends homage to the art of photography, contemporary design, and architecture by setting up a new concept in renovation. An emblematic prêt-à-porter figure of the 70s generation of photographers, Renoma here proposes a café gallery dedicated to his own work, taking advantage of the furniture pieces in his own collection: Charles and Ray Eames, Jacobsen, and Mies van der Rohe, among others.

Le Renoma Cafe Gallery est le fruit de la transformation d'un loft de style New-yorkais en un espace de fusion qui offre une galerie d'exposition de photographie et de design, et qui se prolonge en bibliothèque-fumoir et restaurant à la mode. Maurice Renoma, célèbre styliste et photographe, y rend hommage à l'art photographique, au design contemporain et à l'architecture tout en proposant un nouveau concept de restauration. Figure emblématique du prêt-à-porter de la génération de photographes des années 70, Maurice Renoma propose un café-galerie dans lequel il expose son œuvre personnelle en tirant parti du confort offert par les meubles de sa propre collection : Ray Eames, Jacobsen et Mies van der Rohe, pour n'en citer que quelques uns.

Das Renoma Cafe Gallery nimmt ein Dachgeschoss im Newyorker Sil ein und verwandelt es in einen Raum der Fusion geeignet als Galerie für Ausstellungen von Fotografie und Design die sich zu einer Raucher-Bibliothek und in ein Moderestaurant erweitert. Maurice Renoma, anerkannter Stilist und Fotograf, huldigt der Kunst der Fotografie, dem zeitgenössischen Design und der Architektur, indem er ein neues Konzept für die Restauration entwirft. Als emblematische Figur des prêt-à-porter der Fotografen-Generation der 70er Jahre, präsentiert Maurice Renoma ein Café-Galerie, dem er sein eigenes Werk widmet und dabei die Bequemlichkeit ausnutzt, die die Möbel seiner eigenen Kollektion bieten: Charles und Ray Eames, Jacobsen und Mies van der Rohe unter anderen.

Maurice Renoma, renowned designer and photographer, renders homage to the art of photography, contemporary design, and architecture by setting up a new concept in renovation.

Maurice Renoma, célèbre styliste et photographe, rend hommage à l'art photographique, au design contemporain et à l'architecture tout en proposant un nouveau concept de restauration

Maurice Renoma, anerkannter Stilist und Fotograf, huldigt der Kunst der Fotografie, dem zeitgenössischen Design und der Architektur, indem er ein neues Konzept für die Restauration entwirft.

The furniture in the Renoma Café Gallery belong to the photographer's own collection: Charles and Ray Eames, Jacobsen, and Mies van der Rohe, among others.

Les meubles du Renoma Café Gallery appartiennent à la collection personnelle du photographe : Charles et Ray Eames, Jacobsen et Mies van der Rohe, pour n'en citer que quelques uns.

Die Möbel des Renoma Café Gallery gehören zu der eigenen Kollektion des Fotografen: Charles und Ray Eames, Jacobsen und Mies van der Rohe unter anderen.

Comerç 24

Project | Projet | Entwurf: **Alfons Tost, Xavier Abellán, Anna Rius**

Location | Situation | Stadt: **Barcelona, España**

Inauguration | Année d'inauguration | Eröffnungsjahr: **2001**

The habit of lunching or dining in a restaurant not infrequently avoids what happens in the kitchen. Just that question appears to be what the team of decorators and architects have asked by conceiving the Comerç 24 Resturant as a space linking the relations between kitchen and table, a way of reflecting the type of cuisine on offer.

The different functions (bars, private tables, dining room, shared tables...) are treated like cooking ingredients in an overall framing. With a dark gray container as base, a different color, red or yellow, has been assigned to each restaurant section and its features. The magic of color fragments the projected slides and some surprise suspended from the ceiling.

Aller déjeuner ou dîner dans un restaurant consiste souvent à éluder ce qui se passe dans la cuisine. Une considération que l'équipe d'architectes semble avoir gardé à l'esprit lors de la conception du restaurant Comerç 24, en retraçant d'une certaine manière les relations existant entre la cuisine et la table et en reflétant le type de gastronomie proposé.

Les différents espaces (bars, tables personnelles, tables partagées...) sont traités comme les ingrédients d'un châssis global. Sur la base d'un contenant gris foncé, une couleur différente a été attribuée à chaque coin et aux éléments qui s'y intègrent, dans une alternance de rouge et de jaune. La magie de la couleur produit un effet de diapositives fragmentées et un élément surprise est suspendu au plafond.

Die Gewohnheit, ein Restaurant zum Mittagessen oder Abendessen aufzusuchen, weicht meist dem aus, was in der Küche passiert. Eine Frage, die sich offenbar die Innenarchitekten und Architekten gestellt haben, als sie das Restaurant Comerç 24 wie einen Weg konzipierten, der die Beziehungen zwischen Küche und Tisch und der Art der angebotenen Gastronomie verbindet.

Die verschiedenen Ambienten (Theken, private Tische, Speisesaal, Tischgruppen...) swerden wie Zutaten innerhalb einens globalen Rahmens behandelt. Ausgehend von einem dunkelgrauen Container hat man für jede Ecke eine andere Farbe - rot und gelb - und die Elemente, aus denen sie bestehen, bestimmt. Der Zauber der Farbe lässt diapositive fragmentiert und die eine oder andere Überraschung von der Decke hängen.

The treatment of the finishings plays up different features. The decoration applies the brushstrokes of the color used in each section.

Le traitement des revêtements fait ressortir les différents angles. La décoration reprend les nuances de couleur attribuées à chaque espace.

Die Behandlung der Verkleidung hebt die verschiedenen Winkel hervor. Die Dekoration nutzt die für jedes Ambiente bestimmte Farbe.

The areas are brought to life by carefully coordinating the black box that serves as base with the color impacts and with features of the restaurant itself, like the collection of wines. The furniture is done in dark wood, which helps in integrating the architecture of the space.

Les coins ont été créés à partir d'une juste coordination entre un cadre noir servant de support, avec des impacts de couleur, et un environnement spécifique aux restaurants, comme une collection de vins. Le mobilier est réalisé en bois sombre, ce qui facilite son intégration dans l'architecture du lieu.

Die Ecken wurden zutreffend in Form einer schwarzen Kiste mit Farben und den Requisiten der Restaurants wie das Weinregal konzipiert. Das Mobiliar ist in dunklem Holz realisiert, was die Integration in die Architektur des Ortes erleichtert.

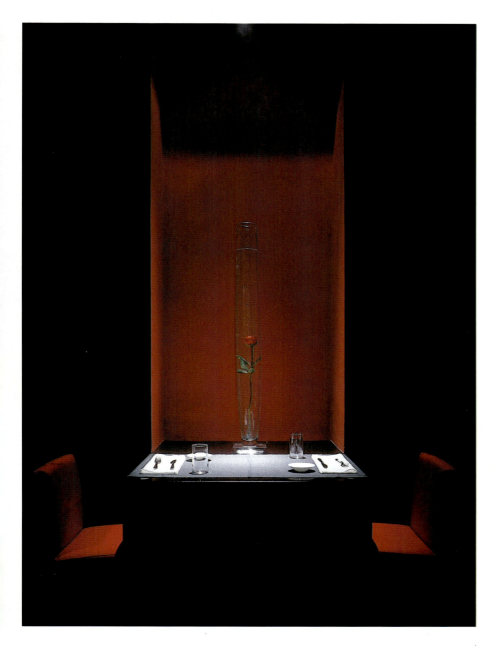

Kookaï

Project | Projet | Entwurf: **Kristian Gavoille**

Location | Situation | Stadt: **Aubervilliers, France**

Inauguration | Année d'inauguration | Eröffnungsjahr: **1996**

Like something rescued from a children's story or from a dream fantasy, the colorist games attract the eye in the Restaurant Kookaï, located on the ground floor of the building occupied by the Kookaï clothing firm.

Exclusively for the use of the company's employees, this particular placement is part of the foyer. It is reached by way of two small interior gardens on a square plan that separate the restaurant from the rest of the street floor. The 300 square meters are halved precisely: from the entrance, on one side, are the food counters, and, concealed in a little house, the kitchen; on the opposite side are two U-shaped, booth-and-table sectors. From the ceiling hang different sheet metal structures, on the model of an industrial plant.

Les jeux de couleur du restaurant Kookaï, situé au rez-de-chaussée du bâtiment occupé par la firme textile du même nom, semblent sortir tout droit d'un conte pour enfants ou d'une image onirique.

Cet espace exclusivement réservé aux employés de l'entreprise s'intègre dans le hall d'entrée. On y accède en traversant deux petits jardins intérieurs carrés, qui le séparent du reste du rez-de-chaussée. Ses 300 m² se divisent en deux secteurs bien distincts : à l'entrée, sur le côté, les présentoirs destinés aux plats et, cachée dans une petite maison, l'espace où se lave la vaisselle ; de l'autre côté, deux zones avec des bancs disposés en U accueillent les tables. Au plafond, des structures métalliques et un forgeage à grecques donnent au restaurant des airs de hangar industriel.

Beinahe aus einem Kindermärchen oder einer traumhaften Phantasie entnommen scheinen die farblichen Spiele des Restaurantes Kookaï, das sich im Erdgeschoss des Gebäudes der Kleiderfirma mit dem gleichen Namen befindet. Ausschliesslich für die Arbeiter der Firma gedacht, ist das Lokal Teil des Vestibüls des Eingangs. Man betritt das Lokal mitten in zwei kleinen Innengärten, die es vom Rest des Erdgeschosses trennen. Die insgesamt 300 m² teilen sich in zwei präzise Zonen auf: vom Eingang an befinden sich auf einer Seite die Theken für das Essen und versteckt in einem kleinen Häuschen der Bereich für das Geschirr zu spülen. Auf der anderen Seite befinden sich zwei Bereiche mit Bänken in U-Form und die Tische. Die Decke besteht aus mit Blech-Ornamenten verkleideten Metallstrukturen, wie in einer Fabrikhalle.

The attractive use of colorful enamel paint makes up a collage to section off the different areas.

L'utilisation d'une peinture plastique aux couleurs voyantes produit un effet de collage qui délimite les différents secteurs.

Die Nutzung von grellen Wand-Farben dient als Collage und zur Definierung der verschiedenen Bereiche.

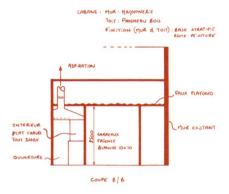

Ornamental use has been made of elements extracted from some story, like the little house around the kitchen equipment.

Pensé comme un décor, l'endroit devait irrémédiablement contenir des éléments rappelant les contes de fées, comme la petite maison qui abrite une partie des accessoires de cuisine.

Gedacht als Dekoration durften natürlich nicht die Elemente aus dem einen oder anderen Märchen fehlen, wie beispielsweise das Häuschen, das einen Teil der Küchen-Ausrüstung beherbergt.

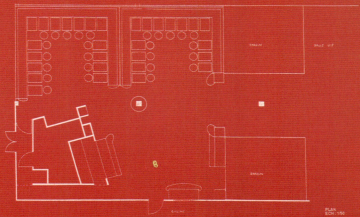

PLAN
ECH : 1/50

Tortillería Flash Flash

Project | Projet | Entwurf: **Federico Correa and Alfonso Milà**

Location | Situation | Stadt: **Barcelona, España**

Inauguration | Année d'inauguration | Eröffnungsjahr: **1969**

Both the name and the design motifs of this emblematic locale are centered on the world of photography and advertising. The walls of the establishment are covered with large photographs of the model Karin Leiz, dressed as a photographer and with camera in hand. The white tables and the simple design of the leather-covered sofas contrast with the red that has been reserved exclusively for the lavatories. The innovative design and a culinary offering of more than 20 different kinds of omelet (*tortilla*) made the Flash Flash one of the gathering places of the intellectual and vanguardist movements of the Barcelona of the seventies. The famous *tortillería* now is considered a classic and an undisputed space of aesthetic reference.

Comme le nom du lieu l'indique, la thématique de la décoration de ce local emblématique est centrée sur le monde de la photographie et de la publicité. Les murs de l'établissement sont recouverts de grande photos du mannequin Karin Leiz, en tenue de photographe et tenant un appareil photo. Les tables blanches et le design épuré des canapés en cuir contrastent avec le rouge exclusivement réservé aux toilettes. Le design innovateur et un choix culinaire de plus de 20 types d'omelettes différentes ont fait du Flash Flash un des points de rendez-vous des mouvements intellectuels et avant-gardistes de la Barcelone des années 70. À l'heure actuelle, le célèbre restaurant à omelettes est considéré comme un classique et une référence esthétique indiscutable.

Ebnos wie der Name als auch die Motive der Dekoration dieses emblematischen Restaurants sind auf die Welt der Fotografie und der Werbung zentriert. Die Wände des Lokals sind voll von grossen Fotografien des Modells Karin Leiz als Fotografin verkleidet und mit der Kamera in der Hand. Die weissen Tische und das exquisite Design der Sofas stehen im Kontrast mit dem Rot, das einzig und allein für das Bad reserviert ist. Das innovative Design und das kulinarische Angebot von mehr als 20 verschiedenen Omelette-Sorten verwandelten das Flash Flash in eines der Treff-Lokale der intelektuellen und vanguardistischen Bewegungen von Barcelona der 70er Jahre. In unseren Tagen gilt die berühmte Tortillería asl ein Klassiker und ein unbestreitbarer Raum bezüglich der Ästhetik.

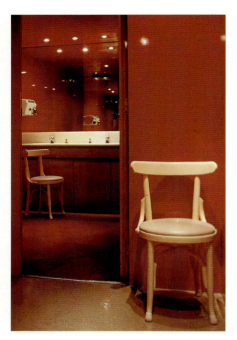

The sensitivity of photographic paper requires constant maintenance of the restaurant's interior. Nevertheless, it has proved impossible, with the passage of time, to keep the model's cloth cap from taking on a reddish tone.

La sensibilité du papier photographique requiert un entretien incessant de l'intérieur du local. Cependant, inévitablement, le béret du mannequin a acquis au fil du temps une teinte rougeâtre.

Die Sensibilität des Foto-Papiers verlangt einen konstante Instandhaltung des Inneren des Lokals. Trotz allem konnte nicht vermieden werden, dass die dei Mütze des Modells mit der Zeit einen rötlichen Ton angenommen hat.

Tortillería Flash Flash became a sanctuary for the discussion of ideas and projects, a meeting point of the Barcelona intelligentsia of the seventies.

Le restaurant à omelettes Flash Flash s'est fait le sanctuaire de la discussion d'idées et de projets et un point de rendez-vous pour les intellectuels barcelonais des années 70.

Die Tortillería Flash Flash verwandelte sich in ein Sanktuarium für die Diskussion von Ideen und Projekte, ein Treffpunkt der der Intellektuellen Barcelonas der 70er Jahre.

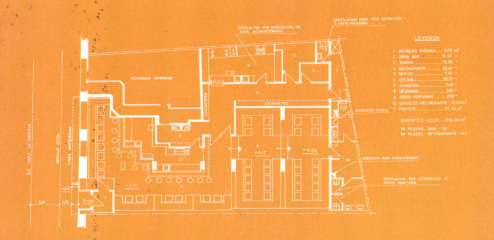

The interior design is by Federico Correa and Alfonso Milà, and the photography and the exterior decoration by Leopoldo Pomés.

L'aménagement de l'intérieur est de Federico Correa et d'Alfonso Milà. La photographie et la décoration extérieure, de Leopoldo Pomés.

Das Innendesign ist von Federico Correa y Alfonso Milà, und die Fotografie und die äussere Dekoration ist von Leopoldo Pomés.

MoMah

Project | Projet | Entwurf: **Stefano Severi**

Location | Situation | Stadt: **Carpi, Italia**

Inauguration | Année d'inauguration | Eröffnungsjahr: **1999**

The MoMah is presented as a fusion space where music, fashion, and art become the elements that provide the setting for the scene's real protagonist: the cuisine. This mix of ambiences, traditionally separated, is an attempt to bring a touch of creativity to the typical provincial establishment. Architect Stefano Severi opted for elegance, but not the invasive sort. The use of neutral colors, the gray and the white, in the walls and ceilings, ideates a lyricism and a sensitivity that match the leather furnishings trimmed in steel and the turquoise flooring. The result is a contemporary space where a music club, a coffee shop, and a restaurant blend in unison—with the inclusion of a museum and a fashion runway.

Le MoMah se présente comme un espace de fusion dans lequel la musique, la mode et l'art sont autant d'éléments qui secondent le véritable premier rôle de cette scène : la cuisine. Cette association de contextes habituellement séparés prétendait apporter une touche de créativité à ce typique local de province. Pour cela, l'architecte Severi a misé sur une solution élégante sans être envahissante. L'utilisation de couleurs neutres - le gris et le blanc - pour les murs et le plafond produit un effet tout en lyrisme et en sensibilité, épousant parfaitement le mobilier de cuir aux finitions d'acier et le bleu turquoise du revêtement de sol. Le résultat : un espace contemporain dans lequel convergent un bar musical, un coffee-shop et un restaurant, ainsi qu'un espace-musée et un podium réservé aux défilés.

Das MoMah präsentiert sich als ein Raum der Fusion, wo Musik, Mode und Kunst sich in die Elemente verwandeln, die die wirkliche Protagonistin der Szene umringen: die Küche. Diese Mischung der Ambienten, die traditionalerweise getrennt waren, sollte dem typischen Lokal der Provinz einen Hauch Kreativität verleihen. Dafür setzte deer Architekt Severi auf eine elegante aber nicht eindringliche Lösung. Die Verwendung neutraler Farben wie grau und weiss an den Wänden und Decken bewirkt eine dichterische Sprache und eine Sensibilität, die mit dem ledernen Mobiliar und der Verarbeitung aus Stahl und den türkisblauen Kacheln harmonisieren. Das Resultat ist eine zeitgenössischer Raum, wo sich ein Musik-Club, ein Coffee-Shop und ein Restaurant miteinander vereinen, noch dazu einen Ausstellungsraum und einen Laufsteg für Modeschauen integrierend.

The MoMah is a music club, a coffee shop, and a restaurant with other surprises inside. Its name, Mo! Mah? is an expression from the Italian dialect spoken on Capri and which shows the doubt or impossibility of describing this establishment with only one word.

Le Momah est à la fois un bar musical, un coffee-shop et un restaurant. À l'intérieur, d'autres surprises attendent le visiteur. Son nom, le Mo! Mah?, est une expression dialectale de la ville italienne de Carpi, qui manifeste le doute et dans le cas présent, l'impossibilité de décrire l'établissement en un seul mot.

Das MoMah ist ein Musik-Club, ein Coffee-Shop und ein Restaurant. In seinem Inneren warten noch andere Überraschungen. Sein Name, Mo! Mah?, ist ein dialektischer Ausdruck von dem italienischen Carpi der Zweifel oder die Unmöglichkeit das Lokal mit einem einzigen Wort zu beschreiben.

The use of neutral tones, gray and black, in walls and ceilings, opts for a lyricism and a sensitivity that match the other elements in the decor.

L'utilisation de couleurs neutres - le gris et le blanc - pour les murs et le plafond produit un effet tout en lyrisme et en sensibilité qui s'accorde avec les autres éléments de la décoration.

Die Verwendung neutraler Farben wie grau und weiss an den Wänden und Decken bewirkt eine dichterische Sprache und eine Sensibilität, die mit den restlichen Elementen der Dekoration harmonisieren.

Chez Bon

Project | Projet | Entwurf: **Philippe Starck**

Location | Situation | Stadt: **Paris, France**

Inauguration | Année d'inauguration | Eröffnungsjahr: **2000**

The interest in healthy, balanced diets is gastronomic entrepreneur Laurent Taieb's dream. He has put his confidence in the *talent fou* of Philippe Starck for the transformation of a ramshackle place into a vast and sumptuous dining space. More than a restaurant, this is an experiment where the nonessential has been avoided to make way for the decor and its ingenious symbolism. Just past the entrance, a circular bar displays a wide variety of little Japanese dishes which may be sampled as appetite demands from the vantage point of the ultra-high barstools. Diners may also choose to eat from pillowy armchairs or from curvilinear side chairs that exemplify Starck's boundless imagination. Different artistic devices have a unique elitist effect that flees baroque luxury.

L'intérêt pour une cuisine saine et équilibrée a motivé le rêve de l'entrepreneur gastronomique Laurent Taieb, qui a fait confiance au talent fou de Philippe Starck pour transformer un lieu en piteux état en un vaste et somptueux espace. Plus qu'un restaurant, il s'agit d'une expérience consistant à se priver de tout ce qui n'est pas essentiel, faisant du décor un pari d'ingéniosité et de symbolisme. Juste à l'entrée, un dispositif faisant office de comptoir fait tourner une multitude de petits plats japonais que les convives doivent attraper, perchés sur de superbes chaises hautes, à la mesure de leur appétit. Ils peuvent également choisir de manger installés dans des fauteuils moelleux ou sur des chaises aux lignes extrêmement courbes qui illustrent l'imagination débordante de Starck. Divers recours artistiques produisent un effet élitiste unique, fuyant le luxe baroque.

Das Interesse für das gesunde und ausgeglichene Essen ist der Traum des Gastronomie-Unternehmers Laurent Taieb der in das verrückte Talent von Philippe Starck, um einen aus den Fugen geratenen Ort in einen grossartigen und prächtigen Raum zu transformieren. Mehr als um ein Restaurant handelt es sich um ein Experiment, bei dem man auf das verzichtete, was nicht essentiell ist, um aus einer Dekoration etwas Geniales und mit Symbolismus zu schaffen. Gleich nach dem Betreten des Lokals kreisen auf einer Art beweglichen Theke kleine Teller mit japanischem Essen und von denen sich der Gast von der Höhe seiner herrlich hohen Stühle je nach seinem Hunger bedienen kann. Naturlich kann auch auswählen, wo man essen will: in gepolsterten Sesseln oder in kurvigen Stühlen, die beispielhaft die überschäumende Phantasie von Starck zeigen. Die verschiedenen künstlerischen Hilfsmittel haben einen einzigen elitären Effekt, der dem luxuriösen Barrock entflieht.

The many rooms in Chez Bon honor the boundless imagination of the ever-surprising Starck. One room serves as a store for the main objects in whose creation the designer personally participated.

Les multiples salles de Chez Bon mettent à l'honneur l'imagination débordante et toujours surprenante de Starck. L'une d'elles, servant de boutique, permet d'y trouver les principaux objets sur lesquels a travaillé le designer.

Die vielen Säle im Chez Bon ehren die überschäumende Phantasie des immer überraschenden Starck. Einer von den Sälen dient als Laden, in dem man die wichtigsten Objekte finden kann, in dessen Design der Designer interveniert hat.

Anyone wishing to eat good sushi can visit the circular bar and choose from the multitude of little Japanese dishes on offer. Like the name of the restaurant, the idea is the quality of both the viands and the interiors: good.

Qui souhaite manger un bon sushi peut se diriger vers le bar circulaire sur lequel tournent une multitude de petites assiettes de cuisine japonaise que le convive est libre de choisir. Comme le nom du restaurant l'indique, l'ambition est que l'intérieur, aussi bien que la cuisine, soit d'une qualité choisie : autrement dit, bon.

Wer gutes Sushi zu essen wünscht, kann zu der sich drehenden Theke gehen, auf der vielfältige kleine japanische Gerichte kreisen und wo der gast auswählen kann. Wie der Name des Restaurants es schon andeutet, gilt hier die Absicht, dass sowohl das Essen als auch das Interieur von ausgewählter Qualität sind: bon.

Negro

Project | Projet | Entwurf: **Sandra Tarruella Esteva, Isabel López Vilalta**

Location | Situation | Stadt: **Barcelona, España**

Inauguration | Année d'inauguration | Eröffnungsjahr: **1999**

The score of interiors that has celebrated the fine design of the Negro Restaurant is a gift of harmonious composition to the eyes and, above all, very contemporary. Clients who choose this locale inside the office building on Barcelona's Avinguda Diagonal will be daring in their aesthetic tastes, and in their gastronomic ones. Balancing the transparency of the installation is a very dark color, almost black, as the Spanish name implies. The dark tone covers the walls of the ground floor and the basement, and the ceiling heights make it work. The elegance of the mythical color is salient in the precise selection of furnishings: a combination of pieces reminiscent of the 60s with a plastic play inherent in the metallic nuances and the whiteness of the marble. The two floors are connected by a stairway on one wall.

La répartition des intérieurs qui héberge le design tout en finesse du restaurant Negro offre aux regards une composition harmonieuse et surtout, très actuelle. Le client qui décide de s'approcher de ce local, établi dans un immeuble de bureaux situé sur l'avenue Diagonal de Barcelone, doit faire preuve d'audace dans ses goûts aussi bien esthétiques que gastronomiques. Afin de créer un équilibre avec la transparence de l'installation, une couleur très foncée – presque noire - a été choisie pour recouvrir les murs du rez-de-chaussée et du sous-sol, la hauteur du local le permettant. L'élégance propre à cette couleur mythique est soulignée par une sélection précise du mobilier : une combinaison de clins d'œil aux années 60 et d'un jeu plastique entre les nuances métalliques et la blancheur du marbre. Les deux niveaux communiquent par un escalier isolé par un mur.

Die Partitüre der Innenarchitektur, die das feine Design des Restaurants Negro angestimmt hat, schenkt den Augen eine harmonische und vor allem aktuelle Komposition. Der Kunde, der sich zum Betreten dieses in einem Bürogebäude auf der Diagonal in Barcelona untergebrachten Lokals entscheidet, muss Kühn in seine ästhetischen und auch gastronomischen Vorlieben sein. Als Ausgleich zur Transparenz der Einrichtung, hat man eine sehr dunkle Farbe - fast schwarz - für die Wände des Erdgeschosses und des Souterrains ausgewählt. Die Höhe des Lokals liess es zu. Die Eleganz der mythischen Farbe wird durch die präzise Auswahl des des Mobiliars unterstrichen: eine Kombination der Reminiszenzen der 60er Jahre mit dem plastischen Spiel, das die metallischen Färbungen und das Weiss des Marmors bieten. Beide Niveaus sind durch eine Treppe an einer Wand verbunden.

The bar that receives you is a source of light due to the translucent sanded metacrylic front panel. The top is made of Greek white marble, the cleanest because it is unveined.

Le comptoir où est reçu le convive est une véritable source de lumière, grâce à une application de méthacrylate sablé mat. Le dessus est de marbre blanc grec, le plus pur étant donné qu'il ne contient pas de veines.

Die Theke, die den Gast empfängt, wird durch die Verwendung von mattem sandbestrahlten Methacrylat in der Front zu einer Lichtquelle; die Platte ist aus weissem griechischem Marmor, welcher durch das Fehlen von Masern das sauberste ist.

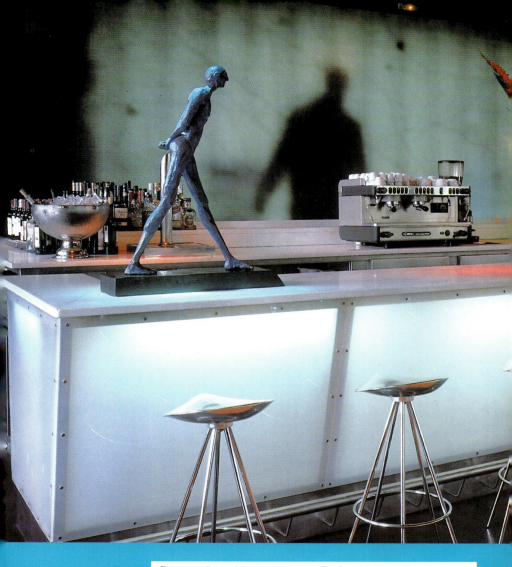

The party wall is used to project photographs. This feature, along with the sculpture by artist Darío Barral, stamps on the locale's artistic reference.

Le mur central est utilisé pour projeter des photographies. À côté d'une sculpture de l'artiste Darío Barral, elles scellent la référence artistique du local.

Die mittlere Wand des Lokals dient dazu, Fotos zu projezieren. Zusammen mit der Skultur des Künstlers Darío Barral zeigen sie den künstlerischen Bezug des Lokals.

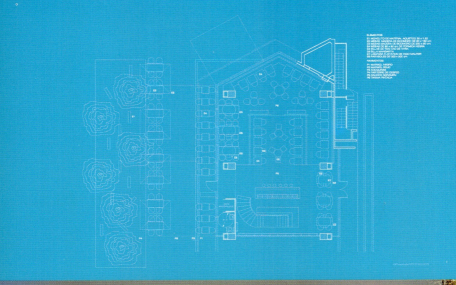

For the large rectangular wheeled tables varnished natural birch was used. Ingo Maurer's FlotaTion lamps appear above like floating clouds.

Les grandes tables rectangulaires, fabriquées en bois d'érable naturel verni, sont montées sur roues. Les lampes "FlotaTion" signées Ingo Maurer ondulent comme des nuages.

Für die grossen rechteckigen Tische wurde lackierten Natur-Ahornholz und Räder verwendet. Wie ondulierende Wolken erscheinen die Lampen FlotaTion von Ingo Maurer.

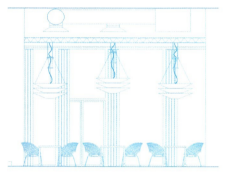

The Peoples Palace

Project | Projet | Entwurf: **Allies and Morrison Architects**

Location | Situation | Stadt: **London, United Kingdom**

Inauguration | Année d'inauguration | Eröffnungsjahr: **1995**

The People's Palace is the result of the refurbishment project for the Royal Festival Hall, built in the 1950s.

The restaurant is on the mezzanine floor and extends the entire length of the Thames façade. The architects have put the previously extant construction in explicit opposition with the newly incorporated elements in their restoration project. This includes a series of pieces of trim on the white wall that express the overhang. The ample white surfaces, the light wood, and the large windows create a warm atmosphere overwhelmed with light.

The Peoples Palace est le résultat d'un projet de réhabilitation du Royal Festival Hall, construit dans les années 50.

Le restaurant est situé à l'étage intermédiaire du bâtiment et s'étend sur toute la longueur de la façade, qui donne sur la Tamise. Les architectes ont parié sur une opposition explicite entre la construction existante et les éléments apportés à leur projet de restauration. Dans cet esprit, ils ont tracé une série de fractures sur le mur blanc qui évoquent ce double jeu. Les vastes superficies blanches, le bois clair et les grandes baies vitrées produisent une atmosphère chaleureuse d'une grande luminosité.

The Peoples Palace ist ein Resultat des Rehabilitierungs-Projektes des Royal Festival Hall, das in den 50er Jahren gebaut wurde.

Das Restaurant ist im mittleren Stockwerk des Gebäudes situiert und erstreckt sich über die gesamte Fassade an der Themse. Die Architekten haben auf eine explizite Opposition zwischen bestehender Konstruktion und den in ihrem Restaurant-Entwurf beigetragenen Elementen gesetzt. Auf diese Weise haben sie eine Serie von Ausschnitten auf der Mauer entworfen, die diese überlappung ausdrücken. Die weiten weissen Oberflächen, das klare Holz und die grossen Glasfenster-Flächen schaffen eine warme und sehr helle Atmosphäre.

The entrance bridge allows clients access to the interior of the restaurant.

À l'entrée, un pont permet aux clients d'accéder à l'intérieur du restaurant.

Die Eingangsbrücke erlaubt den Gästen den Eintritt in das Innere des Restaurants.

Enormous columns bear the auditorium's weight. On the right, the large window offers a panoramic and privileged view of the River Thames.

D'énormes colonnes soutiennent le poids de l'auditorium. À droite, la grande baie vitrée offre une vue panoramique privilégiée de la Tamise.

Enorme Säulen tragen das Gewicht des Saales. Auf der rechten Seite bietet die grosse Fensterfront einen herrlichen und privilegierten Ausblick auf die Themse.

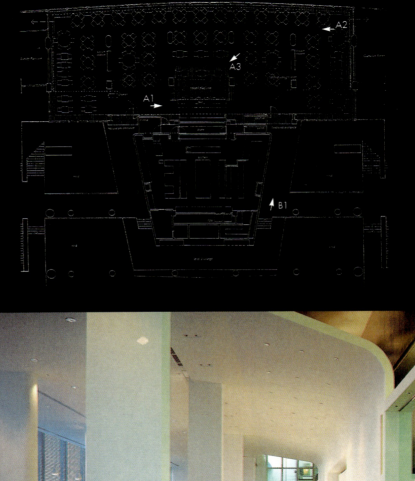

El Taxidermista

Project | Projet | Entwurf: **Despacho BB&GG, Jordi Benito** (graphic design / graphisme / Werbegraphik)

Location | Situation | Stadt: **Barcelona, España**

Inauguration | Année d'inauguration | Eröffnungsjahr: **1999**

The reformation of a locale with history, that which occupies the Museum of Natural Sciences, had to conserve the architectural framework of Barcelona's Plaça Reial. This was the original idea used by the Beth Galí architectural team to provide the El Taxidermista Restaurant-Brewery with the required elegance. Exquisite details were added, like the spiral staircase or the glass signs on the bar and the floor.

Restoration work respecting the original look has been accomplished on the façade, the wooden beams, and the columns. The refurbishment mainly affected the reorganization in the floor plan, and supposed the relocation of the stairs. The nearly 600 square meters were distributed on three floors, with the large dining room on the street floor.

La rénovation de ce local chargé d'histoire, qui abritait le musée des sciences naturelles, se devait de rester fidèle au cadre architectural de la plaza Reial de Barcelone. C'est de cette idée qu'est née l'impulsion, au sein de l'équipe de l'architecte Beth Galí, de doter le restaurant-brasserie El Taxidermista de toute l'élégance requise et de détails exquis, tels que l'escalier en colimaçon ou les écriteaux en verre sur le comptoir et sur le sol.

Un travail de restauration a été réalisé sur la façade, les poutres en bois et les piliers, toujours dans le souci de respecter leur aspect d'origine. La rénovation a principalement porté sur une réorganisation en étages, ce qui incluait la reconfiguration des escaliers. La superficie, de presque 600 m², est répartie sur trois étages. La salle à manger principale se trouve au niveau de la rue.

Die Renovierung eines Lokales mit Geschichte, das das Museum für Naturwissenschaften beherbergte, musste den architektonischen Rahmen der Plaza Reial von Barcelona konservieren. Dies war die einfache Idee, die das Team des Architekten Beth Galí dazu antrieb, dem Restaurant-Bierlokal El Taxidermista die benötigte Eleganz und die exquisiten Detalles wie die Wendeltreppe oder die gläseren Aufschriften an der Theke oder im Fussboden zu verleihen.

Die Fassade musste restauriert werden und auch die Holzbalken und die Säulen und dabei hatte man immer den Originalaspekt zu respektieren. Die Renovierung betraf hauptsächlich die Reorganisierung der Etagen und setzte das Wiederaufstellen der Treppen voraus. Die fast 600 m² verteilen sich auf drei Etagen. Im Erdgeschoss befindet sich der grösste Speisesaal.

The benches, the bar, and the lamps hanging from the ceiling were designed by Despacho BB&GG. The glass letters over the bar and on the floor are by Jordi Benito.

Les bancs, le comptoir ainsi que les lampes qui pleuvent du plafond ont été créés par le Bureau BB&GG. Les lettres en verre situées sur le comptoir et sur le sol sont une réalisation de Jordi Benito.

Die Bänke, die Theke und die Lampen, die von der Decke regnen, wurden von dem Büro BB&GG entworfen. Die Glasbuchstaben über der Theke und im Fussboden ist eine Arbeit von Jordi Benito.

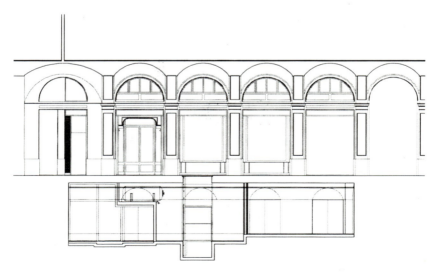

Two dining rooms, seating 72 and 44 people, are located on the ground floor and in the basement, respectively. The kitchen, also downstairs, communicates with the bar on the street floor by way of a spiral staircase.

Au rez-de-chaussée et au sous-sol figurent deux salles à manger, d'une capacité de 72 et de 44 personnes respectivement. La cuisine, située au niveau inférieur, communique avec le bar situé niveau rue au moyen d'un escalier en colimaçon.

Zwei Speisesäle mit einer Kapazität von 72 und 44 Personen sind im Erdgeschoss und im Souterrain untergebracht. Die Küche, die sich im Souterrain befindet, ist über eine Wendeltreppe mit der Theke im Ergeschoss verbunden.

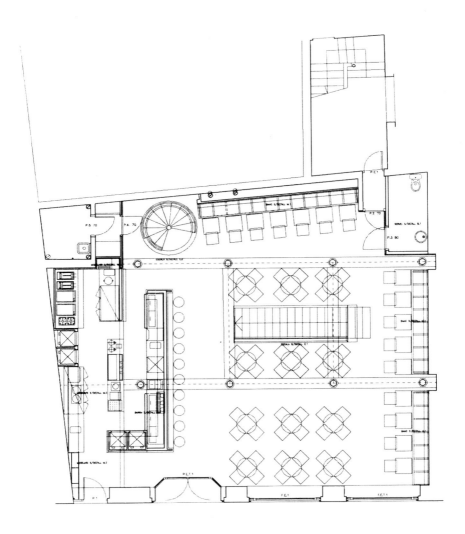

The refurbishment insisted on recovering the original architectural framework, adapting it to the new reading.

La rénovation a mis l'accent sur la conservation de la structure architecturale d'origine, tout en l'adaptant à la nouvelle lecture proposée par les créateurs.

Die Renovierung hat darauf bestanden, die architektonische Originalstruktur wiederzuerlangen und sie an die neue Sichtweise der Designer anzupassen.

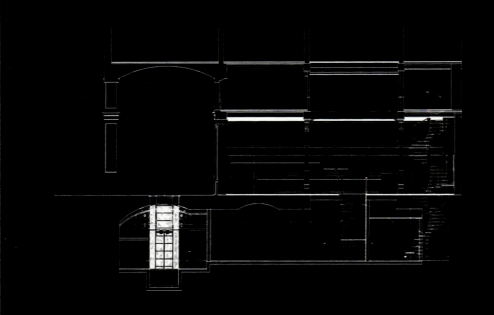

Shu

Project | Projet | Entwurf: **Fabio Novembre**

Location | Situation | Stadt: **Milano, Italia**

Inauguration | Année d'inauguration | Eröffnungsjahr: **1999**

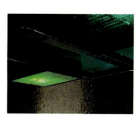

Mythology has always been good inspiration when creation flourishes under incomparable images. This is the case with the Shu Restaurant, a double somersault of craziness and symbolism that breaks the usual contemporary design canons. The name is that of the Egyptian god who, according to tradition, held up the sky arch with his arms. It has been conceived as an absolutely black container in a kind of defined provocation: velvet curtains, the same color as the material of the padded tapestry of the walls, and the floor and furnishings. In the midst of this rigor, two enormous forearms hold up the ceiling of this gastronomic temple. Chained off, the two bar zones recreate an almost outer space atmosphere between the effects of neon, transparent chairs, and different size mirrors.

La mythologie, éternelle source d'inspiration, permet à la création d'affleurer sous des images incomparables. C'est le cas du restaurant Shu, une double pirouette mortelle de folie et de symbolique qui brise les canons traditionnels des aménagements contemporains. Le nom du restaurant est emprunté au dieu égyptien qui, d'après la légende, soutenait la voûte céleste de ses bras. Un cadre totalement noir manifeste un pari de provocation évident de la part des créateurs : rideaux de velours, à l'image de la tapisserie capitonnée des murs, des sols et du mobilier. Au milieu de cette rigueur, deux énormes avant-bras soutiennent le plafond de ce temple gastronomique. Deux espaces bar se succédant créent une ambiance presque cosmique, à travers les effets de néons, les chaises transparentes et les miroirs aux formes disparates.

Die Mythologie war scon immer eine gute Inspiration wenn die Kreation mit unvergleichlichen Bildern spriesst. Dies ist der Falls des Restaurants Shu, ein doppelter Salto mortale der Verrücktheit und der Symbole, der die die gewöhnlichen Normen des zeitgenössischen Designs sprengt. Der Name stammt von dem ägytischen Gott Shu, der laut Überlieferung das Himmelsgewölbe mit seinen Armen stützte. Und es wurde eine absolut schwarze Kiste als eine Provokation konzipiert: Vorhänge aus Velours, gleich wie der gepolsterte überzug der Wände, Fussböden und das Mobiliar. Inmitten dieser Strenge stützen zwei gigantische Oberarme die Decke dieses Gastronomie-Tempels. Damit verknüpft schaffen zwei Bar-Zonen mit Neon-Effekten, transparenten Stühlen und verschiedenförmigen Spiegeln eine fast weltraumartige Atmosphäre.

An almost outer space atmosphere comes from the effects of neon, transparent chairs, and green resin floors.

Une ambiance presque cosmique transite à travers les effets de néons, les chaises et les revêtements de sol en résine verte.

Eine fast weltraumartige Atmosphäre wird durch die Neon-Effekte, die transparenten Stühle und den harzgrünen Fussbodenbelag geschaffen.

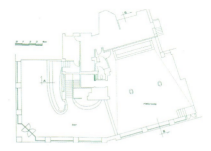

Fabio Novembre's interpretation of the Egyptian god Shu, from the Book of the Dead, is now considered mythical.
L'interprétation proposée par Fabio Novembre de la légende du dieu égyptien Shu, extraite du Livre des morts, est aujourd'hui considérée comme un mythe.
Die Interpretation, die Fabio Novembre nach der Legende des ägyptischen Gottes Shu aus dem Buch der Toten realisierte, wird schon als Mythisch angesehen.

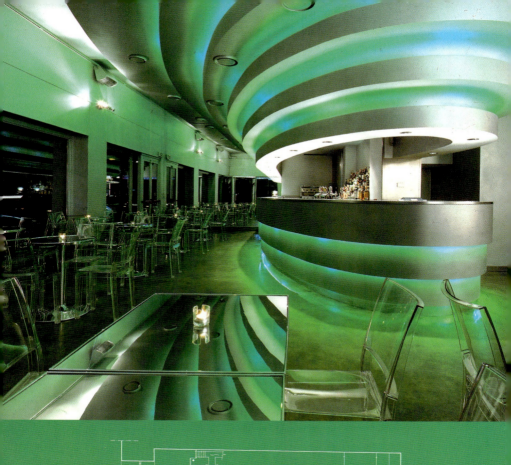
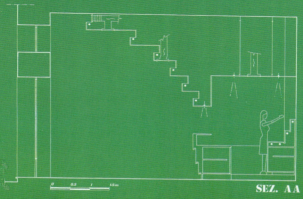

SEZ. AA

Coses de Menjar

Project | Projet | Entwurf: **Santiago Alegre**

Location | Situation | Stadt: **Barcelona, España**

Inauguration | Année d'inauguration | Eröffnungsjahr: **1999**

Coses de Menjar is a restaurant which is, above all, original in its aesthetic and exquisite in its unusual and carefully prepared recipes. The space it occupies was in perfect condition, thus, the architects planned the minimum of reform work to condition it to the required functional needs of a restaurant. The result is a distinguished setting where the exhibition of art works stands out against the vivid colors used in the walls. To tone down the refinement, the waiters do not dress in the classic formal uniform of many luxurious restaurants but actually become proper protagonists for this marvelous stage by wearing linen trousers and shirt.

Coses de Menjar est avant tout un restaurant original dans son esthétique et exquis dans ses recettes aussi soignées qu'inhabituelles. Le local occupé était à l'origine en parfait état, aussi les architectes se sont-ils limités aux travaux nécessaires pour adapter l'espace aux besoins fonctionnels d'un service de restauration. Il en résulte une atmosphère distinguée dans laquelle les œuvres d'art exposées se détachent sur les murs peints dans des tonalités vives. Pour accentuer le raffinement et la douceur des lieux, les serveurs ne portent pas l'uniforme classique formel utilisé dans les restaurants de luxe, mais un ensemble pantalon et chemise en lin, devenant ainsi les parfaits acteurs de cette scène merveilleuse.

Coses de Menjar ist ein Restaurant, das vor allem originell in der Ästhetik und exquisit in seinen sowohl gepflegten als auch ungewöhnliche Rezepten ist. Das Lokal, in dem das Restaurant sich befindet, befand sich in perfektem Zustand und aus diesem Grund, führten die Architekten die minimalen Renovierungen durch, um die Räumlichkeiten an die funktionalen Bedürfnisse anzupassen, die für den Restaurations-Service notwendig sind. Das Resultat ist ein distinguiertes Ambiente, wo die Ausstellung der Kunstwerke auf den lebendigen Farbtönen der Wände hervorsticht. Um die offensichtliche Feinheit etwas abzuschwächen, tragen die Kellner nicht die klassische Uniform der Luzusrestaurants, sondern sie verwandeln sich mit ihren Hemden und Hosen aus Leinen in geeignete Persönlichkeiten für dieses wundervolle Szenarium.

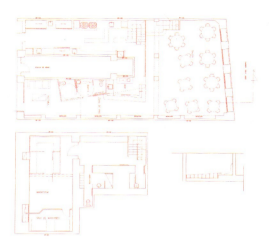

Coses de Menjar becomes, often, a wonderful setting to exhibit all types of art.

Coses de Menjar est un environnement qui se prête à l'exposition de toutes sortes d'œuvres d'art.

Coses de Menjar verwandelt sich häufig in ein schönes Ambiente, um alle mögliche Arten von Kunstwerken auszustellen.

The vivid colors of the walls and the upholstered furniture are indispensable elements that confer an air of distinction very characteristic of the restaurant.

Les murs aux tonalités vives et les meubles tapissés constituent les éléments indispensables à la distinction très spécifique du restaurant.

Die Wänder mit ihren lebendigen Farbtönen und die überzogenen Möbel sind unerlässliche Elemente, gewährt einen distinguierten und für ein Restaurant sehr charakteristischen Flair.

Salsitas

Project | Projet | Entwurf: **Rafael Tamborero, José Luis López**

Location | Situation | Stadt: **Barcelona, España**

Inauguration | Année d'inauguration | Eröffnungsjahr: **1999**

Richly decorated in its forms and its styles, Salsitas Restaurant is remembered for that arbitrary concession to rich interiors. The mixture of styles includes: colonial in the cornices, the voluptuous arches, and the persiennes; Art Nouveau by way of the furniture, the jealousies, and the metal in the bars; deco because if the forms can be defined they can only be organic, in the most theatrical way.

The 530-square-meter area is totally white. Just past the entrance, an initial rectangular space contains a bar 25 meters long on the left-hand side. A gigantic pineapple is the first recreated representative from the vegetable world. In the background, is the dining room that doubles as dance floor when the tables are sidelined.

Le décor du restaurant Salsitas, aux formes et aux styles particulièrement riches, frappe par la concession arbitraire à la richesse des intérieurs qui définit son approche. Un mélange de tendances : coloniale dans les corniches, les arcades voluptueuses et les stores de feuillage ; moderniste dans le mobilier utilisé, les jalousies et le métal des comptoirs ; déco, car s'il fallait définir les formes utilisées, "organique" serait le mot le plus juste, dans le style théâtral le plus pur.

L'ensemble, d'une superficie de 530 m^2 est entièrement blanc. À l'entrée, un premier espace rectangulaire accueille un bar de 25 m, sur la gauche. Un ananas géant constitue le premier élément du règne végétal recréé ici. Dans le fond, la salle à manger sert de piste de danse lorsque les tables en sont retirées.

Eine Dekoration reich an Formen und Stile: das Restaurant Salsitas bringt sich durch diese schiedsrichterliche Konzession für den Reichtum des Interieurs. Eine Mischung aus Trends: kolonial durch seine Karnies, seinewollüstigen Arkaden und den Papierejalosien; modernistisch durch das verwendete Mobiliar, die Gitter und Metall der Leisten, und zu guter letzt déco, würde man nämlich die Formen definieren, wären sie nicht anders als organisch im reinsten Theaterstil. Die Gesamtheit von 530 m^2 ist absolut weiss. Nachdem man den Eingang hinter sich gelassen hat, befindet sich in einem ersten Raum auf der linken Seite eine Theke von 25 Metern Länge. Eine riesige Ananasist di erste Präsenz des wieder erschaffenen planzlichen Königreiches. Am hinteren Ende ist der Speisesaal, der auch als Tanzfläche dient, wenn die Tische nach beendetem Abendmahl an die Seite geschoben werden.

Pure Art Nouveau style in the furniture and in the bottle-glass windowpanes.

Style purement moderniste dans le mobilier et les baies vitrées composées de tessons de bouteilles.

Reiner modernistischer Stil im Mobiliar und in den mit Flaschenglas artikulierten Fenstern.

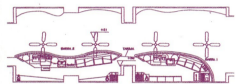

The four Art Nouveau cast-iron columns supporting the high ceilings are in the form of sculpted palm trees. The coconuts serve as lamps in the dining room/dance floor. The ornamentation and the sculptural forms are all white.

Les quatre piliers d'héritage moderniste, sculptés en forme de palmiers, soutiennent un plafond extrêmement haut. Des noix de coco font office de lampes qui éclairent la salle qui se transforme plus tard en piste de danse. Dans l'ensemble du décor et dans les sculptures, le blanc est à l'honneur.

Die vier modernistischen Säulen aus Gusseisen wurden in vier Palmen-Skulpturen transformiert, die hohen Decken stützen. Die Kokosnüsse dienen als Lampen in dem Saal, der sich nach dem Abendmahl in eine Tanzfläche verwandelt. Das Umfeld und plastischen Formen sind immer weiss.

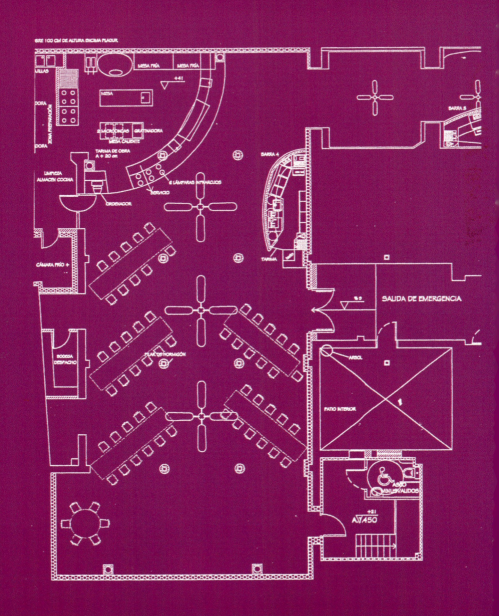

The abundance of vegetal forms begins at the bar with a gigantic pineapple which, like the palm trees, is made of Tixotropic cement and plaster. Fiberglass has been used with precision to recreate the shells and the domes.

Le foisonnement de formes végétales commence au comptoir avec un ananas géant réalisé, comme les palmiers, en ciment thixotrope et en plâtre. De la fibre de verre a été adroitement utilisée pour recréer coquillages et coupoles.

Der Überfluss an pflanzlichen Formen beginnt bereits an der Theke mit einer riesigen Ananas, die ebenso wie die Palmen mit thixotropischem Zement und Feingips hergestellt wurden. Mit grosser Präzision wurden Glasfasern zur die Schalen und Kuppeln nachgeahmt.

Korova

Project | Projet | Entwurf: **Christian Biecher**

Location | Situation | Stadt: **Paris, France**

Inauguration | Année d'inauguration | Eröffnungsjahr: **2000**

The Korova is on the ground floor of a typical building in the Parisian Champs Elysées district. According to its promoters, the establishment's aesthetic brings visual pleasure thanks to an essential, luminous, and translucent design where each form or mass evokes a curved line, sensuality, and sweetness. The locale's structure is made up of four rooms in a file, accessible by way of a glassed-in terrace that looks onto the street. The continuity of the spaces brings about a homogeneous image of the whole: the comfort of the armchairs and the leather sofas, the lighting in Murano glass, the pink Corian tables, the aquarium of exotic fish, and the screens where images of the islands are invitations to comfort and wellbeing.

Le Korova est situé au rez-de-chaussée d'un immeuble typique du quartier parisien des Champs Élysées. Selon ses concepteurs, l'esthétique de l'établissement prétend offrir un plaisir visuel à travers un aménagement basique, lumineux et translucide dans lequel chaque forme et chaque volume évoquent lignes courbes, sensualité et douceur. Le local se compose de quatre pièces en enfilade auxquelles on accède par une terrasse vitrée donnant sur la rue. La continuité des espaces produit une image homogène de l'ensemble. Le confort des fauteuils et des canapés en cuir, l'éclairage à base de verre Murano, les tables roses en Corian, l'aquarium de poissons exotiques et les écrans projetant des images des îles sont autant d'invitations au confort et au bien-être.

Das Korova ist im Erdgeschoss eines für das Pariser Viertels Champs Elysées typischen Gebäudes untergebracht. Laut seinen Promotern versucht die Ästhetik des Lokals visuellen Genuss zu verschaffen, dies dank eines essentiellen, hellen und transparenten Design, in dem jede Form und jedes Volumen eine kurvige Linie, Sinnlichkeit und Süsse nachahmt. Die Struktur des Lokals besteht aus vier Aufenthaltsbereiche in Reihe, die über eine mit Glas geschlossene Terrasse mit Blick auf die Strasse betreten werden können. Die Kontinuität der Räume gewährt ein homogenes Bild der Gesamtheit: daer Komfort der Lehnsessel und Sofas aus Leder, die Beleuchtung des Murano-Glases, die Tische aus rosa Corián, das Aquarium mit exotischen Fischen und die Bildschirme, die Bilder von Inseln projizieren sind Einladungen zum Komfort und Wohlbefinden.

The Korova is a homogeneous, luminous and translucent space.

L'ensemble de l'espace du Korova est traité de manière homogène, lumineuse et translucide.

No Korova, o conjunto está tratado de uma forma homogénea, luminosa e translucida.

Christian Biecher, the creator of the Korova, belongs to a new generation of architects open to multidisciplinary work engaging art, architecture, design, interior decoration, graphic arts, and scenography. The integration of different disciplines brings about a work of pure lines and of a great aesthetic and conceptual richness.

Christian Biecher, créateur du Korova, appartient à une nouvelle génération d'architectes sensibles à un travail multidisciplinaire situé au croisement de l'art, de l'architecture, du design, de l'architecture d'intérieur, du graphisme et de la scénographie. La fusion de ces différents disciplines aboutit ici à une œuvre aux lignes épurées, d'une grande richesse esthétique et conceptuelle.

Christian Biecher, der Designer des Korova, gehört zu einer neuen Generation von Architekten, die für die multidisziplinäre Arbeit zwischen Kunst, Architektur, Design, Innenarchitektur, Graphik und Szenographie sensibel sind. Die Integration der verschiedenen Disziplinen wird zu einem Werk der sauberen Linien mit grossem ästhetischem und konzeptuellen Reichtum.

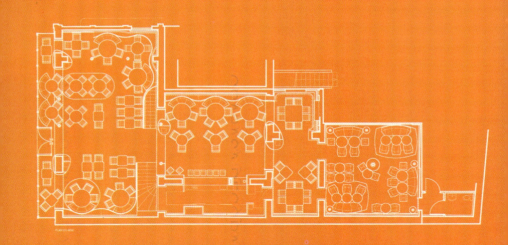

Abac

Project | Projet | Entwurf: AdM (Antonio de Moragas, Loreto del Valle)

Location | Situation | Stadt: Barcelona, España

Inauguration | Année d'inauguration | Eröffnungsjahr: 1999

The Abac Restaurant is part of the refurbishment project for Barcelona's Hotel Park, involving the renewal of the ground floor dining rooms. Bar and restaurant were joined, in this project, by extending and occupying an area whose function is still undecided.

A simple setting with neutral colors and typical materials offers a kind of serene image without artificial ornamentation. The most notable change is the false ceiling with recessed spotlights, also concealed by very large alabaster plates suspended from it. The natural light from the windows seems to have been treated like lamplight, and this brings about greater horizontality. The harmony of the different furnishings offers a symmetrical space.

Le restaurant Abac est né de la rénovation de l'Hôtel Park de Barcelone, et plus particulièrement, de la volonté de réhabiliter les salles à manger du rez-de-chaussée. Les agrandir et occuper ainsi un espace resté jusqu'à présent inutilisé a permis de réunir le restaurant et le bar.

L'atmosphère neutre recherchée a été créée au moyen de matériaux et de couleurs propices à donner une image sereine, en écartant tout élément de décoration artificiel. L'intervention la plus frappante est un faux plafond dans lequel sont encastrées les sources d'éclairage, ces dernières étant elles-mêmes masquées par d'énormes plaques d'albâtre suspendues. La lumière naturelle qui filtre à travers les ouvertures des façades est traitée comme un élément de l'éclairage, ce qui produit une plus grande horizontalité de l'espace. L'harmonie du mobilier produit un effet de symétrie.

Das Restaurant Abac ist Teil der Umgestaltung des Hotel Park in Barcelona bezüglich der Wiederherstellung der Speisesäle im Erdgeschoss. Die Säle zu erweitern und einen Bereich mit einzubziehen, der bis dahin nicht benutzt wurde, war die Lösung, um das Restaurant und die Bar zu vereinen.

Geplant wurde eine neutrale Atmosphäre in Materialien und Faben, um ein heiteres Bild ohne künstliche Dekoration zu bieten. Die hervorstechendste Intervention bildet dei Zwischendecke, in der die Lichtkegel der Beleuchtung untergebracht sind, die ihrerseits durch aufgehängte Alabasterplatten verdeckt werden. Das natürlich Licht, das aus den Ecken der Fassade hereinstrahlt, erscheint als Fenster, was eine grössere Horizontalität in der gesamten Ausdehnung des Lokals schafft. Die Harmonie in den Möbelstüken verschafft einen symetrischen Raum.

The idea of staid quietness is reflected in the simple arrangement of the furniture. The Moragas armchairs in the lobby areas are upholstered in the same dark orange as that used in the side chairs of the restaurant.

Le mobilier, disposé de façon apaisante, suggère calme et sobriété. Les réservés dans l'espace reservé à l'attente sont fauteuils Moragas, tapissés de la même couleur orange chaudron que les chaises du restaurant.

Die Idee der Nüchternheit und Ruhe refelektiert sich in der sanften Anordnung des Mobiliars. In den Wartezonen wurde der Lehnsessel Moragas verwendet, der mit dem gleichen orangenem Stoff überzogen wurde wie die Stühle des Restaurants.

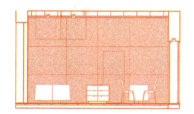

The etched glass doors lead to the dining room from the reception desk or from the bar. In the back wall, birch was used to control the acoustics.

On accède à la salle à manger par des portes vitrées traitées à l'acide, aussi bien en venant du bar que de la réception de l'hôtel. Au fond de l'enceinte, des cloisons en sapin fournissent une isolation acoustique.

Die Türen aus Säureglas dienen als Zugang zum Speisesaal sowohl von Rezeption des Hotels als auch von der bar aus. Im Hintergrund des Raumes wurden Wandschirme aus Birkenholz zur akustischen Kontrolle installiert.

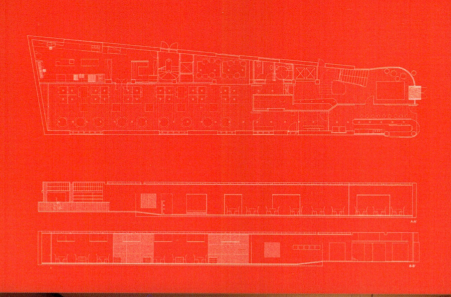

Georges

Project | Projet | Entwurf: **Brendan MacFarlane and Dominique Jacob**

Location | Situation | Stadt: **Paris, France**

Inauguration | Année d'inauguration | Eröffnungsjahr: **2000**

The Georges Restaurant is on the fifth floor of the Centre Georges Pompidou. After visiting it or admiring its images, it becomes hard to imagine a better siting. Contemporary art is served by an out-of-time paradise of moving forms according to Jacob and MacFarlane's conception. Like a net that inflates and deflates, nonarchitecture and nondesign in the Georges respond to a notion where space opens itself to extreme bodies without direction, only freedom per se.

The colors, yellow, red, green, and orange, are articulated like the skin of each of the disparate rooms in their lines. The counterpoint comes from the aluminum, absorbing and reflecting the light, playing with the illusion of appearance/disappearance like a game of hide-and-seek.

Le restaurant Georges est situé au cinquième étage du centre Georges Pompidou. Après l'avoir visité ou en avoir admiré les images, on comprend qu'il ne pouvait trouver de meilleur emplacement. L'art contemporain héberge ici un paradis déphasé de formes en mouvement, tel que l'ont conçu Jacob et Macfarlane. À la fois filet qui se gonfle et se déforme, non-architecture et non-design, le Georges répond à un concept selon lequel l'espace s'ouvre pour intégrer des volumes extrêmes qui ne suivent aucune direction définie, sinon celle de la liberté même.

Le jaune, le rouge, le vert et l'orange s'articulent, formant la peau d'habitacles aux lignes disparates. L'aluminium sert de contrepoids, absorbant et reflétant la lumière, jouant à créer l'illusion de son apparition et de sa disparition, tel un jeu de cache-cache.

Das Restaurant Georges ist in der fünften Etage des Centre Georges Pompidou untergebracht. Nachdem man es besucht oder die Bilder bewundert hat, kann man sich kein schöneres Lokal vorstellen. Die zeitgenössische Kunst hat als Untermieter ein zeitfremdes Paradies von sich bewegenden Formen, so wie Jacob+Macfarlane es konzipierten. Wie ein Netz das sich aufblässt und deformiert, die Nicht-Architektur und das Nicht-Design, antwortet das Georges auf eine Konzeption, in der der Raum sich öffnet, um extreme Volumen einzufügen, die keinerlei Richtung folgen, sondern die Freiheit per se bildet. Die Farben gelb, rot, grün und orange artikulieren sich wie die Haut der in ihren Linien verschiedenen Nischen. Der Kontrpunkt ist das Aluminium das das Licht absorbiert und reflektiert, immer damit spielend, die Illusion des Erscheinens und Verschwindesn zu schaffen, als ob es sich um ein geheimes Versteck handeln würde.

The dynamic movement of the masses creates a new landscape in the interiors of the restaurant in the Centre Georges Pompidou.

Le mouvement dynamique des volumes dessine un paysage nouveau dans les intérieurs du locataire gastronomique du centre Georges Pompidou.

Die dynamische Bewegung der Volumen zeichnet eine neue Landschaft im Interieur des gastronomischen Untermieters des Centre Georges Pompidou.

The 900-square-meter restaurant seats some 250 diners. Reception, kitchens, lavatories and an impressive terrace of 450 square meters complete the space.

Les 900 m² du restaurant permettent d'accueillir environ 250 clients. Une zone d'accueil, les cuisines, les toilettes et une terrasse impressionnante de 450 m² s'ajoutent à cet espace.

Die 900 m² des Restaurants nehmen ungefähr 250 Gäste auf. Eine Rezeption, die Küchen, die Toiletten und eine beeindruckende Terrasse von 450 m² komplettieren die Räumlichkeiten.

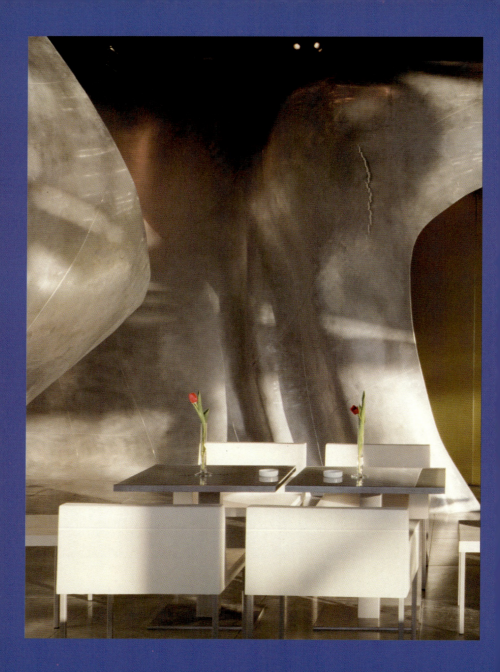

The architects insisted on the idea of the structure being a moving sensation through the museum ceiling down to the four bays, each of with independent air, water, and electrical systems.

Les architectes ont insisté sur l'idée d'une structure suivant une direction fluide à travers le plafond du musée pour descendre vers les quatre volumes, chacun de ces derniers étant indépendant au niveau des systèmes d'aération, d'eau et d'électricité.

Die Architekten bestanden auf die Idee, wonach die Struktur einer Richtung durch die Decke des Museums folgen zu den vier Volumen absinken sollte, jedes einzelne unabhängig in den System für Luft, Wasser und Elektrizität.

Silenus

Project | Projet | Entwurf: **Manuela M. Mirón and Andrés Cobo**

Location | Situation | Stadt: **Barcelona, España**

Inauguration | Année d'inauguration | Eröffnungsjahr: **1998**

New airs come about when old locations are cleared out, usually semi-industrial ones. The clearing makes for pleasant settings like the Silenus and involves a certain delight in adding contrasting savors. The first striking element that greets the visitor is the Art Nouveau door, with stained glass in an iron frame.

Out of an old cannery warehouse, of little more than 145 square meters, an L-shaped room has been appointed so as to keep the traces of the past, including superstructure and floor. There are plenty of wooden beams and two svelte iron columns to harmonize with the establishment's relaxed beat. Still more effective are the two arches in the side walls, relieving the union of floor and ceiling and framing the whole in its coffee hour staging out of a past century.

Le renouveau pointe son nez lorsqu'il s'agit de réhabiliter d'anciens locaux dans des buts généralement semi-industriels et d'en faire des lieux agréables dans lesquels, comme au Silenus, on vient se délecter de saveurs contrastées. La première chose qui attire l'attention est la porte moderniste, avec son cadre de fer, qui souhaite la bienvenue au visiteur. À partir d'un ancien magasin de boîtes de conserve, d'une superficie d'à peine 145 m², le projet a donné naissance à un local en L dans lequel la structure et le sol d'origine ont été conservés, témoignant du passé. De nombreuses poutres en bois et deux sveltes colonnes en fer veillent sur le rythme paisible de l'établissement. Mais le rôle vedette est détenu par deux arcs situés sur les murs latéraux, qui exercent au niveau de l'union du sol et du plafond un rôle pacificateur et encadrent ce tableau évoquant des "tertulias" d'un siècle révolu.

Neues kündigt sich an, wenn es darum geht, alte Lokale - die meisten von ihnen semi-industriell - mit gastronomischen Ziel wiederherzurichten, und sie angenehmen Orten zu verwandeln, in denen man wie im Silenus einfindet, um sich an kontrastreichen Geschmäckern zu ergötzen. Der erste Punkt der Aufmerksamkeit ist die modernistische Tür farbigem Glas und Eisenrahmen, die den Besucher beim Eintreten begrüsst. Ausgehend von einem alten Lager für Konserven mit kaum 145m² wurde ein Lokal in L-Form entworfen, in dem die Struktur und der Fussboden als Spuren der Vergangenheit konserviert werden. Es fehlen auch nicht die Holzbalken und zwei schlanke Säulen, die dem sanften Rythmus des Lokals beiwohnen. Noch effekthascherischer sind die beiden Bogen an den seitlichen Wänden, die den Übergang von dem Fussboden und der Decke dämpfen und als Rahmen dieses Bildes dienen, das Szenen von Plaudergesellschaften irgendeines schon vergangenen Jahrhunderts.

The old slate floor and the walls, previously sanded and painted only with latex and pigments, help retain the sensation of times past. The clock on the back wall seems to be the main witness.

Le sol en ardoise vieillie et les murs poncés puis peints en ayant simplement recours à des pigments et à la colle de peau de lapin, contribuent à évoquer un temps révolu. L'horloge projetée sur le mur du fond semble jouer le rôle de témoin principal.

Der Boden aus veraltetem Schiefer und die Wände vorher abgeschliffen und dann nur mit Hasenleim und Pigmenten gestrichen, tragen dazu bei, die Sensation von annodazumal zu konservieren. Die Uhr an der hinteren Wand scheint der Hauptzeuge zu sein.

As if wishing to keep intact the intimate confidence offered by a tenuous light, strategic light sources have been placed in each corner. The skylight in the center of the ceiling defines the serene light required by a place like the Silenus, with more artistic than public touches.

La confidence et l'intimité produites par une lumière délicate étant manifestement l'objectif recherché, des sources d'éclairage ont été placées à des endroits stratégiques dans chaque recoin, donnant à ceux-ci un caractère presque particulier. Le vasistas pratiqué au centre du plafond met la dernière touche à la luminosité sereine requise dans un local comme le Silenus, aux teintes plus artistiques que publiques.

Als wollte man die intime Vertrautheit eines schwachen Lichtes aufrechterhalten, hat man in jeder Ecke strategische Lichtquellen installiert. Das Dachfenster im Zentrum der Decke definiert letztendlich die sanfte Beleuchtung, die ein Lokal wie das Silenus benötigt - mehr mit künstlerischer als öffentlicher Färbung.

El Racó

Project | Projet | Entwurf: **Pallí Vert Architecture**

Location | Situation | Stadt: **Barcelona, España**

Inauguration | Année d'inauguration | Eröffnungsjahr: **1999**

El Racó Restaurant is the result of the renewal of an old building of *noucentista* stamp in the Eixample Quarter of Barcelona and conserved as national heritage.

Given the characteristics of the original building, the architects underlined their desire to find a solution that would bring out the building's qualities. Their choice of simple, neutral ornamentation makes this clear as the architectural elements define the setting. The touch of color and warmth is achieved by the upholstered furniture and by the different motifs in the graphic images on the walls.

Le restaurant El Racó est le fruit de la réhabilitation d'un ancien immeuble de style Noucentista, déclaré patrimoine artistique du quartier barcelonais de l'Eixample.

Les architectes ont manifestement recherché une proposition tirant pleinement parti des caractéristiques du bâtiment initial. En ce sens, la décoration a porté sur des éléments simples et neutres, chargés de définir l'atmosphère à l'instar des éléments architecturaux. Une touche de couleur et de chaleur est obtenue à travers un mobilier tapissé et des images graphiques de thématique diverse accrochées aux murs.

Das Restaurant El Racó ensteht aus der Rehabilitation eines alten als künstlerisches Kulturgut deklariertes im Distrikt Eixample von Barcelona.

In Anbetracht des Original-Gebäudes heben die Architekten ihren Willen hvor, eine Lösung zu finden, die die Qualitäten des Raumes potenziert. Aus diesem Grund wurden einfache und neutrale dekorative Elemente ausgewählt, die als architektonische Elemente das Ambiente definieren sollten. Der Hauch von Farbe und Wärme wird durch das mit Stoff überzogene Mobiliar und die an den Wänden aufgehängten graphischen Bilder mit verschiedenen Motiven erreicht.

A forest of lamps hanging from the ceiling offers a point of warm light when there is no natural light.

Une forêt de lampes suspendues au plafond offre une lumière chaleureuse lorsque la lumière naturelle disparaît.

Ein Wald von Lampen, die von der Decke herunterhängen, bietet einen Punkt des warmen Lichtes, wenn das natürliche Licht verschwindet.

The solution the architects chose is intended to explicitly underline the luminosity and the structural beauty of the building. Thus, from the street, the locale is like a large lamp.

La proposition des architectes était de présenter de façon explicite la luminosité et la beauté intrinsèque du bâtiment. Vu de la rue, le local évoque une lampe géante.

Die Lösung, die die Architekten fanden, sollte explizit die Helligkeit und die konstruktive Schönheit des Gebäudes zeigen. Von der Strasse aus ist daher das Lokal, wie eine grosse helle Lampe.

1. HALL ENTRADA
2. ACCESO RESTAURANTE
3. ESCALERA A PLANTA INFERIOR
4. TOTEMS
5. ZONA BAR
6. BARRA BAR
7. MUEBLE BARRA
8. SECCION COCINA
9. TREN LAVADO
10. MONTACARGAS SECCION
11. RECEPCION RESTAURANTE
12. ESCALERA A SERVICIOS
13. COMEDOR
14. MUEBLE AUXILIAR LIMPIO
15. MUEBLE AUXILIAR SUCIO
16. CORREDOR SERVICIO
17. ASEO MINUSVALIDOS
18. PATIO
19. CUARTO DE COMPRESORES

Belgo New York

Project | Projet | Entwurf: **Foreign Office Architects, Ltd.**

Location | Situation | Stadt: **New York City, USA**

Inauguration | Année d'inauguration | Eröffnungsjahr: **1999**

The Belgo Restaurant in New York is the rehab of an old warehouse in the East Village. The architect's priority was to exploit the longitudinal concept of the space. Its tubular qualities are described by the architects themselves as being like a trip on the Big Apple's subway or along an American highway. The interior was totally reconstructed with the aim in mind of eliminating the building's intervening backbone, emphasizing its length, and dilating its bays.

Finally, the kitchen was left open to public view, located in a position parallel to the entrance, with the aim of accenting the sense of narrowness.

Le restaurant Belgo New York résulte du projet de réhabilitation d'un ancien magasin situé dans l'East Village. La priorité des architectes a été d'exploiter l'impression de longueur que dégage cet espace. L'aspect tubulaire de l'endroit rejoint, au dire des propres architectes, l'expérience vécue lors d'un trajet en métro à New York ou sur une autoroute américaine. La partie interne du local a été entièrement reconstruite en vue d'éliminer la ligne intermédiaire de la structure du bâtiment, de mettre l'accent sur les atouts longitudinaux et de dilater les volumes.

La cuisine, finalement laissée à la vue du public, est située parallèlement à l'entrée, dans le but d'accentuer la sensation d'étroitesse.

Das Restaurant Belgo in New York ist ein Rehabilitations-Projekt eines alten Lagers in East Village. Die Priorität der Architekten war die Idee der Länge des Raumes. Die röhrenförmigen Qualitäten des Lokals werden durch die Architekten selbst als eine Erfahrung wie eine Fahrt in der U-Bahn von New York oder eine Reise auf einer amerikanischen Autobahn beschrieben. Das Interieur wurde vollkommen rekonstruiert, um die mittelere Strukturlinie des Gebäudes zu eliminieren, die Längenqualitäten zu betonen und die Räume auszudehnen.

Am Ende hat man sich dazu entschlossen, die parallel zum Eingang situierte Küche für das Publikum sichtbar zu lassen, um das Gefühl der Enge zu akzentuieren.

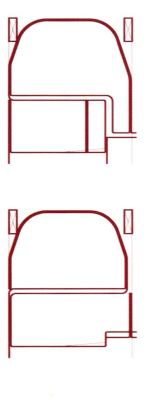

These sections of New York's Belgo show its tubular quality.

Ces coupes du restaurant Belgo New York illustrent l'aspect tubulaire de cet espace.

Diese Sektionen des Restaurants Belgo in New York zeigen die röhrenförmigen Qualitäten des Raumes.

The restaurant was constructed as part of the rehab project for an old East Village warehouse.

Le restaurant Belgo est né de la réhabilitation d'un ancien magasin dans le quartier new-yorkais de l'East Village.

Das Restaurant Belgo wurde im Verlauf der Rehabilitation eines alten Lagers in East Village von Nueva York konstruiert.

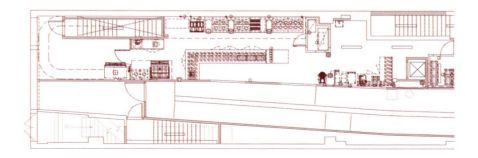

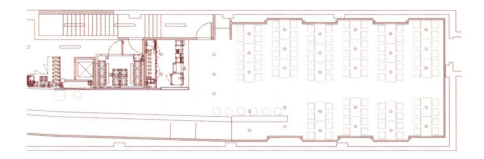

The architects describe the Belgo Restaurant as being like a trip on the Big Apple's subway or on an American highway.

Les architectes expliquent le projet du restaurant Belgo New York en le comparant à un trajet dans le métro de la ville ou sur une autoroute américaine.

Die Architekten beschreiben das Projekt des Restaurants Belgo von New York als die Erfahrung einer fahrt mit der U-Bahn der Stadt oder eine Reise auf einer amerikanischen Autobahn.

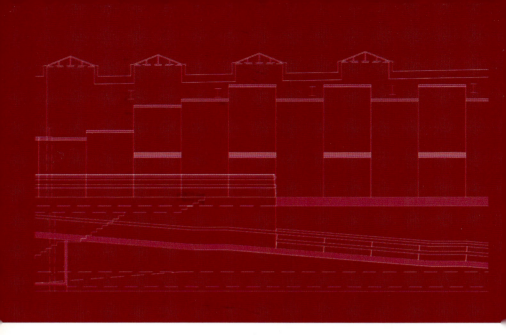

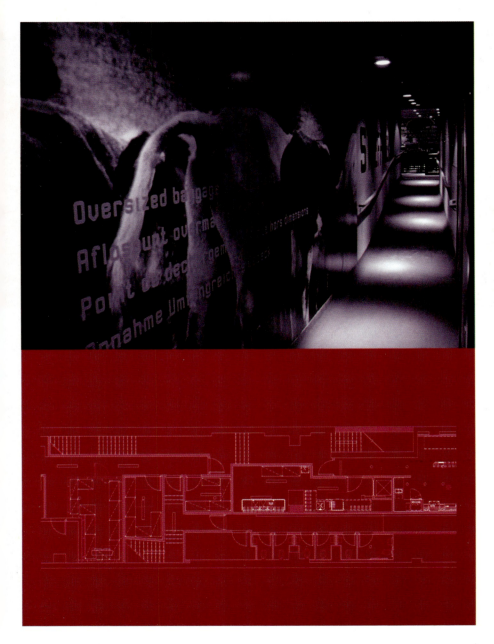

Kursaal Martín Berasategui

Project | Projet | Entwurf: **Santos Bregaña Etxeberria & Javier Machimbarrena Carasa**

Location | Situation | Stadt: **Donostia, España**

Inauguration | Année d'inauguration | Eröffnungsjahr: **1999**

It is located in the Palace of Congresses in Kursaal, the work of Rafael Moneo, and the idea for the interiors of this restaurant do not leave out allusions to the views of the neighboring sea. With a seating capacity for 160 diners, it is above a cafeteria which also constitutes its entrance. A clear luminosity has been respected based on hanging and recessed lamps that provide a very tenuous generalized illumination. The seating arrangements chosen, aluminum chairs with bent seat/back of beech in a distressed finish, respond to a concept of elegance that is straightforward and genuine, and this is also true of the select tableware.

Au sein du palais des congrès Kursaal, signé Rafael Moneo, le projet mené pour l'intérieur du restaurant n'éclipse en rien la vue sur la mer. D'une capacité de 160 places, il est construit au-dessus de la cafétéria. L'objectif visé était de respecter la clarté et la luminosité naturelles grâce à des sources d'éclairage suspendues ou encastrées produisant une lumière générale particulièrement délicate. Grâce aux grandes baies vitrées qui entourent l'espace, la clarté est reine. Le choix des chaises, avec leur structure en aluminium et leur siège et dossier en contre-plaqué de hêtre soumis à un traitement vieillissant ainsi que les accessoires de table répondent à une conception honnête et sans artifices d'élégance.

Situiert im Kongress-Palast des Kursaal, ein Werk von Rafael Moneo, legt das Interieur des Restaurants wenig Bedeutung auf die Aussicht, die man auf das benachbarte Meer hat. Mit einer Kapazität für 160 Gäste ist es über der Cafeteria geplant und wird über sie betreten. Der Vorteil ist, dass eine sehr grosse Helligkeit respektiert wird, die auf aufgehängten und eingebauten Lichtquellen basiert, die ein generelles feines Licht ausstrahlen. Die grossen breiten Fenster, die die gesamten Räumlichkeiten einfassen, gewährleisten die herrschende Helligkeit. Sowohl das ausgewählte Stuhlwerk mit Aluminiumstruktur und der Sitz und die Rückenlehne mit Buche furniert und mit künstlicher Behandlung gealtert, als auch das angewandte erlesene «atrezzo» beim Service entsprechen einem Konzept von Eleganz, das als ehrlich und ohne Künstlichkeit verstanden wird.

Cabinets and shelves for the tableware, silverware, and tablecloths are in birch veneer. The lighting includes hanging lamps, bracket lamps of Murano glass, incandescent lamps, and recessed spotlights in the ceiling.

En matière d'équipement auxiliaire, les meubles et casiers à vaisselle, à couverts et à linge de table ont été réalisés en érable plaqué. L'éclairage repose sur un jeu entre des lampes suspendues, des appliques en verre Murano, des sources lumineuses incandescentes et des ampoules encastrées dans le plafond.

Für die Hilfsausrüstung wurden Möbel, in Ahorn furnierte Geschirr-Container für Besteck und Tischdecken ausgewählt. Die Beleuchtung spielt mit Hängelampen, Wandleuchten aus Murano-Glas, Glühlampen und in die Decke eingelassene Lichtkegel.

sección transversal

Both the floor, finished in white oak, and the colored stucco walls underline a very special ambience reminiscent of the night sky in Guipuzcoa.

Le plancher de chêne blanc et les murs garnis de stuc créent une ambiance très particulière qui ne va pas sans rappeler le ciel, élément fondamental dans cette ville de la province de Guipuzcoa.

Sowohl der Fussboden, der mit Parkett aus weisser Eiche ausgelegt wurde, wie auch die in Steinfarbe stuckierten Wände unterstreichen ein besonderes Ambiente, der an den Himmel erinnert, der die Guipuzcoanische Stadt normalerweise überdeckt.

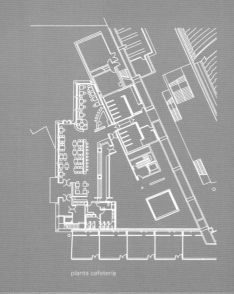
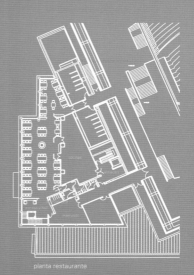

planta cafetería

planta restaurante

El Principal

Project | Projet | Entwurf: **Sandra Tarruella Esteva, Isabel López Vilalta**

Location | Situation | Stadt: **Barcelona, España**

Inauguration | Année d'inauguration | Eröffnungsjahr: **2000**

The considerable expanse of a Barcelona Eixample apartment has allowed the creation of a restaurant covering a ground floor of 520 square meters and a basement of similar dimensions. The team of interior decorators arranged the different rooms through the use of elegant materials like wengué and ash in the furniture, upholstered in natural silk. Polished marble was used in the floors, covered by wool carpets. Grays, browns, and camel are the recurrent tones.

El Principal breathes a sumptuous quietude without artifice. The false ceilings are outstanding additions: parts of these have the plaster moldings restored, other, lower parts conceal the rails of the moveable panels used to achieve new angles. The general lighting is warm, thanks to the cubic parchment lamps.

La superficie considérable d'un appartement situé dans le quartier de l'Eixample, à Barcelone, a permis de concevoir ce restaurant distribué sur 520 m^2 au rez-de-chaussée, et autant au sous-sol. L'équipe d'architectes d'intérieurs a conçu cet ensemble de différentes salles en associant des matériaux nobles comme le wengue ou le frêne pour une grande partie du mobilier, en tapissant les sièges de soie naturelle et en recouvrant le sol de marbre poli et de tapis de laine, le tout dans des tons gris, marron et camel.

El Principal diffuse un calme somptueux, tout élément artificiel en étant proscrit. Les divers faux plafonds méritent qu'on s'y attarde : certains présentent des moulures de plâtre restaurées ; d'autres masquent des glissières permettant de reconfigurer les angles. La lumière générale, diffusée à travers des cubes de parchemin, est très chaleureuse.

Die beachtliche Ausdehnung einer Wohnung im Barceloner Eixample hat es erlaubt, ein Restaurant mit 520m^2 im Erdgeschoss und eine ähnliche Grösse im Souterrrain einzurichten. Das Team der Innenarchitekten hat die verschiedenen Säle konzipiert und dabei edle Materialien wie Wengué und Eschenholz in einem grossen Teil des Mobiliars verwendet. Die Sitze wurden mit Naturseide überzogen und der Fussboden aus geschliffenem Marmol mit Leinenteppichen belegt. Grau, braun und Camel sind die verwendeten Farbtöne. El Principal atmet eine prunkvolle und keinesfalls künstliche Ruhe. Hervorzuheben sind die Zwischendecken: einige haben gesehen, wie ihre Profilleisten aus Gips restauriert wurden. Andere etwas tiefer verbergen die Führungen der beweglichen Paneele, die es erlauben neue Winkel zu artikulieren. Das Hauptlicht ist sehr warm dank einiger Würfel aus Pergament.

The underlying idea in the ground floor plan was to create a diaphanous room that could be arranged as four separate dining rooms and yet remain faithful to aesthetic unity. The chairs with removable arms and the wengué wood veneer in the tables confer elegant settings.

L'objectif visé pour le rez-de-chaussée était d'obtenir une salle diaphane pouvant se diviser en quatre salles à manger indépendantes tout en conservant une unité esthétique. Le bois de wengue plaqué utilisé pour les tables et les chaises - déhoussables avec ou sans bras – contribue à créer un cadre très élégant.

Die für das Erdgeschoss entworfene Idee war, einen diaphanen Saal zu schaffen, der sich zwar in vier unabhängige Speisesäle verwandeln kann, aber immer der ästhetischen Einheit treu bleibt. Das in Wengué furnierte Holz der Tische und die mit Seide überzogenen StUhle mit oder ohne Armlehnen, bilden einen sehr eleganten Rahmen.

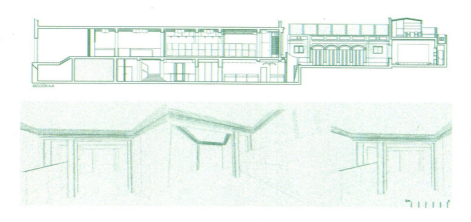

A system of moveable Rollingwall acoustic room dividers provides the option of open or closed space.

Un système de panneaux amovibles acoustiques Rollingwall permet de diviser l'espace, selon que l'on souhaite voir celui-ci plus ou moins ouvert.

Ein akustisches Paneelsystem Rollingwall erlaubt den Raum nach Wunsch zu teilen oder komplett offen zu lassen.

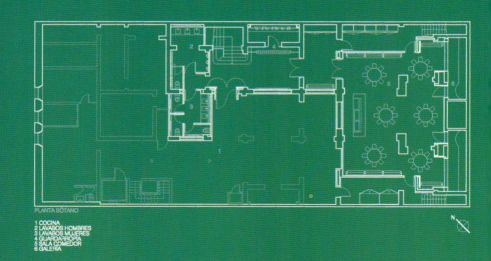

PLANTA SÓTANO
1 COCINA
2 LAVABOS HOMBRES
3 LAVABOS MUJERES
4 GUARDARROPÍA
5 SALA COMEDOR
6 GALERÍA

Felix Restaurant

Project | Projet | Entwurf: **Philippe Starck**

Location | Situation | Stadt: **Hong Kong**

Inauguration | Année d'inauguration | Eröffnungsjahr: **1994**

The Felix Restaurant is on the twenty-eighth floor of the Hotel Peninsula in Hong Kong. In addition to being a restaurant, the Felix is a suite of rooms dedicated to dining, aperitifs, dancing, or having drinks. In spite of its location on the top floor of the hotel, the restaurant's view of Hong Kong is present, in Philippe Starck's arrangement, only as a backdrop. The real spectacle is offered by the Felix's space distribution, the rooms that can change from dining to gala balls to fashion parades.

Le Felix Restaurant est situé au 28ème étage de l'hôtel Peninsula de Hong Kong. En plus d'être un restaurant, le Felix se compose d'un ensemble d'espaces dans lesquels on peut aussi bien dîner que prendre un apéritif, danser ou boire un verre. En dépit de sa situation au dernier étage de l'Hôtel Peninsula, Starck a préféré n'attribuer à l'image de la ville de Hong Kong qu'une valeur de toile de fond. Le véritable spectacle figure dans l'ensemble d'espaces du Félix, où dîner peut devenir la mise en scène d'un gala ou d'un défilé de mode.

Das Felix Restaurant befindet sich in der achtundzwanzigsten Etage des Hotels Península in Hong Kong. Das Felix ist nicht nur ein Restaurant, sondern begründet sich überdies in einem Komplex von Räumlichkeiten, in denen man sowohl zu Abend essen, als auch einen Aperitiv zu sich nehmen, tanzen oder einen Drink nehmen kann. Obwohl sich das Restaurant in der letzten Etage des Hotel Península befindet, zieht es Starck vor, dass sich das Bild der Stadt Hong Kong nur in einen Hintergrund verwandelt. Das wirkliche Spektakel vollzieht sich in dem Räumekomplex des Felix, wo sich ein Abendessen in eine Gala oder eine Modeschau verwandeln kann.

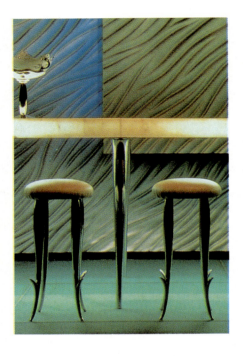

Starck blocks out the view of the city with Venetian blinds that convert it into no more than a backdrop.

Starck masque la vue de la ville avec un rideau en lamé, la transformant ainsi en simple toile de fond.

Starck verdeckt die Aussicht auf die Stadt mit einem Lamellenvorhang und verwandelt sie damit nur in einen Hintergrund.

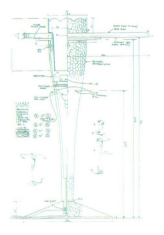

Starck used artificial lighting in the staircase leading to the second floor to provide a touch of nighttime ambience.

Starck a choisi un éclairage artificiel pour les escaliers menant au deuxième étage des tours, apportant ainsi une touche nocturne à l'atmosphère.

Starck beleuchtet die Treppen, die zum zweiten Stock der Türme hinaufgehen mit künstlichem Licht, um damit ein nächtliches Ambiente zu schaffen.

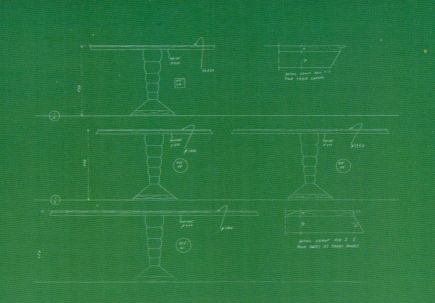

On the preceding page: general view of the main dining room. The furniture, designed by Starck, is only one of the Felix's attractions.

Page précédente : aspect général de la salle principale du restaurant. Le mobilier, également conçu par Philippe Starck, constitue une des attractions du Felix.

Auf der vorhergehenden Seite sieht amn den generellen Aspekt des Hauptsaales des Restaurants. Das Mobiliar, das von Philipp Starck selbst entworfen wurde, bildet eines der Attraktionen des Felix.

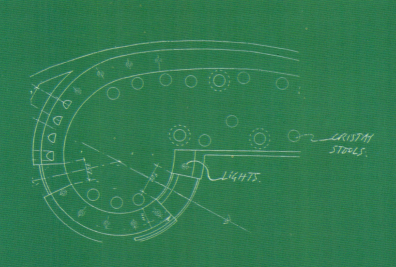

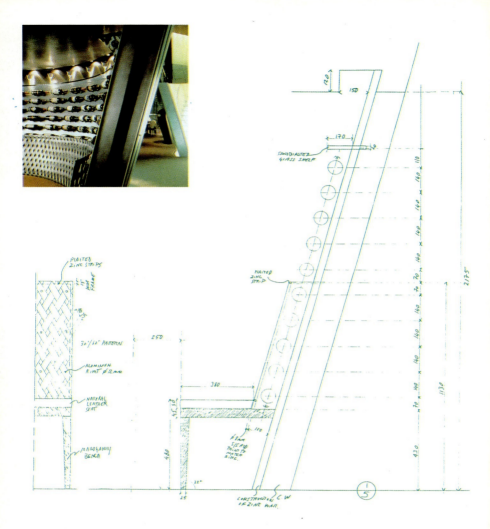

The Felix Restaurant is comprised of different settings: the Main Restaurant, the Long Table, the American Bar, the Balcony, the Private Room, the Wine Bar, and the Crazy Box.

Le Felix Restaurant propose différentes scènes : The Main Restaurant, The Long Table, The American Bar, The Balcony, The Private Room, The Wine Bar et The Crazy Box.

Das Felix Restaurant begründet sich durch verschiedene Szenarien: The Main Restaurant, The Long Table, The American Bar, The Balcony, The Private Room, The Wine Bar und The Crazy Box.

Charlô Restaurant

Project | Projet | Entwurf: **Arthur de Mattos Casas**

Location | Situation | Stadt: **São Paulo, Brasil**

Inauguration | Année d'inauguration | Eröffnungsjahr: **2001**

The Charlô is located on the Rua Barao de Capanema de Sao Paulo. It is the property of the renowned haute cuisine chef Charlô Whately. The restaurant was designed with the idea of reproducing an intimate atmosphere reminiscent of the traditional French bistros. The air of nostalgia is visible in many photographs of friends and clients that adorn the walls. Besides, the melancholy for the cafés of yesteryear is stressed by the use of black lacquer in the furnishings. At the same time, the touch of modernity is present in the use of glass as the material dividing dining room and kitchen. This option allows the clients of the Charlô to see the dishes being prepared.

Le restaurant Charlô est situé à São Paulo, dans la Rua Barão de Capanema. Le local est détenu par le célèbre chef cuisinier Charlô Whately. Le restaurant a été conçu dans l'idée de rappeler l'atmosphère intime typique des bistrots français traditionnels. Les nombreuses photographies d'amis et de clients qui décorent les murs apportent une touche mélancolique. De plus, la nostalgie des cafés d'autrefois est soulignée par l'utilisation de laque noire sur les meubles. Cependant, le recours au verre pour réaliser la division entre la salle à manger et la cuisine apporte une touche de modernité. Cette option permet aux clients d'assister à la préparation des plats.

Das Restaurant Charlô befindet sich in der Rua Barão de Capanema von São Paulo. Das Lokal gehört dem anerkannten Chef de cuisine Charlô Whately. Das Restaurant wurde mit der Absicht konzipiert, eine intime Atmosphäre zu schaffen, die an die traditionellen französischen Bistrots erinnert. Den nostalgischen Flair verschaffen die zahlreichen Fotografien von Freunden und Kunden, die die Wände dekorieren. Überdies wird die Melancholie der einstigen Cafés durch die Verwendung des schwarzen Lacks bei den Möbeln. Trotzdem verschafft die Verwendung von Glas als Materialien der Teilung zwischen Speisesaal und Küche einen Hauch von Modernität. Schliesslich und endlich erlaubt es den Kunden des Lokals, die Zubereitung der Gerichte zu beobachten.

What the creators of the Charlô had in mind was a bistro answering the needs of intimacy.

Le bistro Charlô est la réponse à la recherche d'un espace intimiste.

Das Bistro Charlô antwortet auf die Suche nach Kreation eine intimen Raumes.

On the walls hang numerous photographs of the friends and clients of Charlô Whately.

Sur les murs apparaissent de nombreuses photographies d'amis et de clients du Charlô Whately.

An den Wänden findet man zahlreiche Fotografien von Freunden und Kunden von Charlô Whately.

Dionisos

Project	Projet	Entwurf: **160 Bis Arquitectura. Paisatge. Disseny**
Location	Situation	Stadt: **Barcelona, España**
Inauguration	Année d'inauguration	Eröffnungsjahr: **1999**

The Greek restaurant Dionisos presents a warm ambience between traditional Greek and contemporary designer restaurants. Architect Minos Digenis and his team approached the establishment's design through the systematic use of symbols and references from the Hellenic imagination. The characteristic door of the Dionisos is comprised of hundreds of retsina bottles, the characteristic amber-colored Greek wine. The contrast between the intense celestial blue in the walls and the white columns brings to mind the native architecture of the islands of the Aegean. The overall mise-en-scène is complemented by large black-and-white images of present-day Greece, tied to its past and tremendously Mediterranean.

Le cadre proposé par le restaurant grec Dionisos se situe à mi-chemin entre la tradition grecque et l'hôtellerie de design contemporain. L'architecte Minos Digenis et son équipe ont eu recours à des symboles et à des références systématiques liés à l'imaginaire hellénique. La porte caractéristique du Dionisos est formée d'une vitrine contenant une ribambelle de bouteilles de Retsina, célèbre vin grec à la couleur jaune typique. Le contraste entre le bleu céleste intense des murs et le blanc des colonnes rappelle l'architecture autochtone des îles de la mer Égée. La scénographie de l'ensemble est complétée par de grandes images en noir et blanc représentant la Grèce actuelle, prisonnière de son passé et terriblement méditerranéenne.

Das griechische Restaurant Dionisos präsentiert ein Ambiente zwischen griechischer Tradition und einem Gaststättenbetrieb mit zeitgenössischem Design. Der Architekt Minos Digenis und sein Team kreieren das Design des Lokals mit der systematischen Verwendung von Symbolen und Bezügen zur helenischen Bildhauerkunst. Die chrakateristische Tür des Lokals besteht aus unzählignen aneinandergereihten Flaschen Retsina, ein berümter griechischer Wein, der charakteristisch ist für seine gelbe Farbe. Der Kontrast zwischen dem intensiven Himmelblau und dem Weiss der Säulen erinnert an die autochthone Architektur der Inseln des Ägäischen Meeres. Die Szenographie der Gesamtheit wird durch grosse Bilder in schwarzweiss ergänzt, die das aktuelle Griechenland porträtieren: Gefangener seiner Vergangenheit und unlaublich mediterran.

The rustic furniture and the hanging lamps, as in Greek tavern usage, alternate with innovative and daring features in lighting, composition, and design.

Le mobilier rustique et les lampes suspendues, typiques des tavernes grecques, alternent avec des propositions novatrices et osées en matière d'éclairage, de composition et de design.

Das rustikale Mobiliar und die Hängelampen, so wie sie in den griechischen Tavernen verwendet werden, wechseln sich mit innovativen und gewagten Lösungen der Beleuchtung, Komposition und des Designs ab.

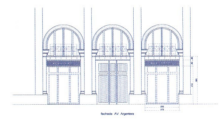

The characteristic door of the Dionysos is comprised of hundreds of retsina bottles, in celebration of the characteristic amber-colored Greek wine.

La porte caractéristique du Dionisos est formée d'une vitrine contenant une ribambelle de bouteilles de Retsina, célèbre vin grec à la couleur jaune typique.

Die chrakateristische Tür des Lokals besteht aus unzählignen aneinandergereihten Flaschen Retsina, ein berümter griechischer Wein, der charakteristisch ist für seine gelbe Farbe.

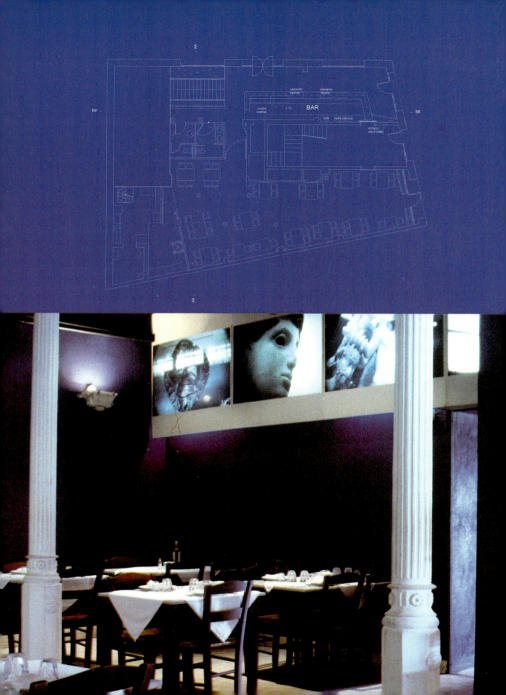

Pharmacy

Project | Projet | Entwurf: **Damien Hirst, Mike Rundell**

Location | Situation | Stadt: **London, United Kingdom**

Inauguration | Année d'inauguration | Eröffnungsjahr: **1998**

Located in London's Notting Hill neighborhood, the Pharmacy is famous for the controversial figure of its artist owner, Damien Hirst, as well as for its celebrated clientele. It keeping with Hirst's imagination, the Pharmacy evokes the chemical spirit of the 90s. The décor is that of a genuine drugstore: cabinets replete with medicines, walls papered with millimetered physician's paper... The artworks of BritArt's enfant terrible are on display in the whole restaurant. "Is it art?" The artist himself asks of the Pharmacy. "It is like a little creation where, in any case, you can spend a more pleasant moment than in most of the art galleries."

Situé dans le quartier londonien de Notting Hill, le Pharmacy est célèbre pour l'image controversée de son propriétaire, l'artiste Damien Hirst, ainsi que pour sa clientèle de renom. Tout droit sorti de l'imagination de Hirst, le Pharmacy évoque l'esprit chimique des années 90. Ainsi, cet établissement a été décoré comme une véritable pharmacie : les armoires sont remplies de médicaments et les murs sont tapissés de papier médical millimétré. Les œuvres de l'enfant terrible du BritArt sont exposées dans tout le restaurant. "Est-ce de l'art ?", s'interroge l'artiste lui-même à propos du Pharmacy. "C'est une sorte de petite création dans laquelle, en tous cas, on peut passer un moment plus agréable que dans la plupart des galeries d'art".

Im Londoner Viertel Notting Hill situiert, ist das Pharmacy berühmt für die umstrittene Figur des Künstlers und gleichzeitig Besitzers Damien Hirst, und natürlich für seine berühmte Kundschaft. Übereinstimmend mit der Bildhauerkunst von Hirst ahmt das Pharmacy den chemischen Geist der neunziger Jahre nach. Deshalb wurde das Lokal wie eine wirliche Apotheke dekoriert: die Schränke sind voll mit Medikamenten und die Wände sind mit medizinischem Millimeterpapier tapeziert. Die Werke des enfant terrible des BritArt sind in dem gesamten Restaurant ausgestellt. "Ist das Kunst?", fragt der Künstler selbst nach der Absicht des Pharmacy. "Es ist wie eine kleine Kreation, wo man auf jeden Fall angenehmere Momente als in den grössten Teil der Kunstgalerien verbringen kann."

Two floors: the ground floor has a young feel, the upper floor a more neutral, relaxed air. The stainless steel stairway is a notable structure as it links the two.

Dans ce restaurant à deux étages, le rez-de-chaussée offre une atmosphère jeune, tandis que le premier étage est plutôt neutre et relaxant. L'escalier en acier inoxydable sert à la fois de barrière et de lien entre les deux espaces.

Mit zwei Stockwerken: das Erdgeschoss hat einen jungen Flair und die erste Etage ist eher neutral und beruhigend. Die Treppe aus rostfreiem Stahl verwandelt sich gleichzeitig in din eine Barriere und Verbindung der zwei Bereiche.

Hirst decided on a flat white surface for the pieces on display in the interior.

Hirst a opté pour une façade plane et blanche pouvant servir de cadre pour les œuvres d'art exposées dans cet espace.

Hirst entschied sich für eine flache und weisse Fassade, die als Rahmen für die Kunstwerke dient, die im Inneren ausgestellt werden.

Rúccula

Project | Projet | Entwurf: **J. Cuenca, J. Nadal, M. Borell, R. Torres**

Location | Situation | Stadt: **Barcelona, España**

Inauguration | Année d'inauguration | Eröffnungsjahr: **2000**

The Restaurante Rúccula, in the new Barcelona business center, the World Trade Center, was designed as a space with two clearly differentiated environments.

At lunchtime, its select menu serves the office workers and, at night, it becomes a glamorous restaurant offering a warm agreeable setting with live music. The aesthetic proposal uses pure, clean lines with a salient endless line of windows looking onto the harbor with the city of Barcelona in the background.

Le restaurant Rúccula, situé dans le World Trade Center, nouveau centre d'affaires international de Barcelone, a été conçu comme un espace devant offrir deux ambiances nettement différentes.

L'idée était de proposer, le midi, un menu soigné aux employés de bureaux ; le soir, de transformer l'endroit en un restaurant glamour à l'atmosphère chaleureuse et agréable, avec de la musique live. À cette fin, la proposition esthétique a mis l'accent sur des lignes pures et sobres ainsi que sur une immense baie vitrée avec vue sur le port, la ville de Barcelone en toile de fond.

Das Restaurant Rúccula, situiert im neuen internationalen Geschäftszentrum von Barcelona, dem World Trade Center, wurde als ein Raum entworfen, der zwei klar diferenzierte Ambiente vorsah. Während des Mittags sollte es mit einem gepflegten Menü den Angestellten der umliegenden Büros zu Diensten stehen, und in der Nacht sollte es verwandelt in ein glamouröses Restaurant ein warmes und angenehmes Ambiente mit Live-Musik bieten. Dafür etwarf man ein ästhetisches Design mit reinen und nüchternen Linien, wo eine immense Festerfront mit Blick auf den Hafen und der Stadt barcelona als Hintergrund hervorsticht.

The dining room walls are decorated in stone-colored raffia.

L'espace salle à manger a été décoré en appliquant sur les murs un traitement à base de raphia couleur pierre.

Die Zone des Speisesaals wurde mit Raphiabast in Steinfarbe dekoriert.

The chairs, upholstered in a chestnut-colored fabric, with pure, balanced lines, are the Ele model by Concepta. The tables have metal bases and tops of wengué wood.

Les chaises "Ele" de Concepta, aux lignes pures et équilibrées, sont tapissées dans une teinte marron. Les tables sont formées d'une base métallique et d'un plateau en bois de wengue.

Die mit braunem Stoff überzogenen Stühle mit reinen und ausgeglichenen Linien sind das Modell Ele von Concepta. Die Tische wurden aus Metall-Ständern und Tischplatten aus Wengué-Holz hergestellt.

Les Grandes Marches

Project | Projet | Entwurf: **Elizabeth de Portzamparc**

Location | Situation | Stadt: **Paris, France**

Inauguration | Année d'inauguration | Eröffnungsjahr: **2000**

The head of the Flo renovation team, Elizabeth de Portzamparc, translated the work seen here into a marriage of the practical and the aesthetic. The result makes the concepts of transparency and lightness striking. The driving force in Les Grandes Marches is the dynamic that comes out of the asymmetry and the contrasts. There is a desire to transmit, from the very foyer, an image that invites the visitor to come in and discover the restaurant's every nook This is achieved through the intention of establishing a link between the ground floor and the first floor, in no way diminished by the circular metal staircase rising up like a sculpture. The result can only be classified as spectacular, to the point where many have called Les Grandes Marches the third millennium's first brasserie.

Elizabeth de Portzamparc a réalisé pour le groupe de restauration Flo une création conjuguant le pratique à l'esthétique, dans laquelle les concepts de transparence et de légèreté sont indiscutablement rois. La ligne directrice sur laquelle reposent Les Grandes Marches est le dynamisme obtenu à travers l'asymétrie et les contrastes. On ressent une volonté de transmettre, dès l'entrée, une image qui invite le visiteur à entrer et à découvrir chaque recoin du restaurant. À cette fin, et pour relier le rez-de-chaussée avec le premier étage, un grand escalier circulaire métallique se dresse dans l'espace tel une sculpture. On ne peut qualifier le résultat que de spectaculaire, à tel point que nombreux sont ceux qui considèrent Les Grandes Marches comme le premier restaurant de grillades du troisième millénaire.

Der Auftrag der Restaurant-Gruppe Flo an Elizabeth de Portzamparc verwandelte sich in eine Lösung, die das Praktische mit dem Ästhetischen verheiratet und die Konzepte der Transparenz und Leichtigkeit verdeutlicht. Der Leitgedanke der Les Grandes Marches antreibt, ist die Dynamik, die mittels Asymetrie und Kontraste erreicht wird. Es existieren die Absicht, schon vom Vestibül aus ein Bild zu vermitteln, das den Besucher einlädt, einzutreten und jede Ecke des Restaurants zu erforschen. Dafür und immer mit der Absicht eine Verbindung zwischen dem Erdgeschoss und der ersten Etage zu schaffen, wurde eine kreisförmige Metall-Treppe entworfen, die sichj wie eine Skulptur erhebt. Das Resultat kann nur als spektakulär bezeichnet werden, bis zu dem Punkt, dass viele das Les Grandes Marches als die erste Brasserie des dritten Jahrtausends qualifiziert haben.

The dynamic forms, curved and oblique, define the interior decoration of Les Grandes Marches.

Des formes dynamiques, courbes ou obliques définissent l'intérieur des Grandes Marches.

Die dynamischen Formen, Kurven und Schrägen definieren die Innenarchitektur des Les Grandes Marches.

The aim of connecting the lower floor with the upper brought Elizabeth de Portzamparc to install the large circular metal staircase that rises up like a piece of sculpture.

Le besoin de relier le rez-de-chaussée au premier étage a amené Elizabeth de Portzamparc à réaliser un grand escalier circulaire métallique qui se dresse dans l'espace tel une sculpture.

Die Notwendigkeit das Erdgeschoss mit der ersten Etage zu verbinden, führte Elizabeth de Portzamparc auf die Idee, eine grosse kreisförmige Metall-Treppe, die sich im Raum wie eine grosse Skulptur erhöht.

Lombok

Project | Projet | Entwurf: **Alberto Hermosilla, Jesús Vázquez**

Location | Situation | Stadt: **Madrid, España**

Inauguration | Année d'inauguration | Eröffnungsjahr: **2000**

Hip to the local color of Madrid's Chueca neighborhood, the Lombok is like a conciliatory magic spell. The decoration adopts a kind of meeting point between the minimalist maxim "less is more" and the London trend. From its glass façade, the Lombok styles itself as an establishment of pure lines and white walls. The only touch of color breaking the austerity of the building is the eggplant on the table napkins and some of the details in the chairs. The furnishings are in an imaginative, vanguardist style: Philippe Starck chairs, Natalia Ruiz tables (of silvered paper with Indonesian designs). The overall result is a space that transmits the ease and quietness necessary to enjoy a good meal. Not by chance does the name of the place refer to a marvelous island off Bali, Lombok.

Sous l'égide du caractère typique du quartier madrilène de Chueca, le Lombok émerge tel un sortilège conciliant. La décoration se situe à un point de convergence entre la devise minimaliste "moins il y en a, plus il y en a" et l'esthétique des locaux londoniens. Avec sa façade de verre, le Lombok s'affiche comme un établissement aux lignes pures et aux murs blancs. La seule touche de couleur qui vient briser la sobriété du lieu figure dans les serviettes aubergine et certains détails des chaises. Le mobilier parie pour un style imaginatif et avant-gardiste : les chaises sont de Philippe Starck ; les tables, de Natalia Ruiz, sont réalisées en papier d'argent et montrent des gravures indonésiennes. Le résultat général est un espace qui transmet la tranquillité et l'apaisement nécessaires pour profiter d'un bon repas. Il n'est donc pas fortuit que le nom du local fasse référence à une île merveilleuse proche de Bali, le Lombok.

Ausgestattet mit den Eigentümlichkeiten des Madrider Viertels Chueca, erscheint das Lombok wie ein falscher Vermittler. Die Dekoration adoptiert einen Punkt des Zusammenflusses von der maximalen Minimalistin "weniger ist mehr" und der Londoner Ästhetik. Von seiner Glasfassade aus zeigt sich das Lombok wie ein Lokal der reinen Linien und weissen Wänden. Der einzige Hauch von Farbe, der die Nüchternheit der Gesamtheit bricht, ist das Aubergine der Servietten und einiger Details der Stühle. Das Mobiliar setzt auf einen phantasievollen und vanguardistischen Stil: die Stühle sind von Philippe Starck und die Tische aus Silberpapier mit indonesischen Gravierungen von Natalia Ruiz. Das globale Resultat ist ein Raum, der die Ruhe und Gelassenheit vermittelt, die notwendig sind, um ein gutes Essen zu geniessen. Von daher ist es nicht willkürlich, das der Name des Lokals eine Referenz auf die wundervolle Insel Lombok in der Nähe von Bali ist.

The furnishings are in an imaginative, vanguardist style: the chairs are by Philippe Starck; the tables, of silvered paper with Indonesian designs, by Natalia Ruiz.

Le mobilier parie pour un style imaginatif et avant-gardiste : les chaises sont de Philippe Starck ; les tables, de Natalia Ruiz, sont réalisées en papier d'argent et montrent des gravures indonésiennes.

Das Mobiliar setzt auf einen phantasievollen und vanguardistischen Stil: die Stühle sind von Philippe Starck und die Tische aus Silberpapier mit indonesischen Gravierungen von Natalia Ruiz.

The Lombok's decor is the meeting point between the minimalist maxim «less is more» and the trend in London locales.

La décoration du Lombok se situe à un point de convergence entre la devise minimaliste "moins il y en a, plus il y en a" et l'esthétique des locaux londoniens.

Die Dekoration adoptiert einen Punkt des Zusammenflusses von der maximalen Minimalistin "weniger ist mehr" und der Londoner Ästhetik.

Xocoa

Project | Projet | Entwurf: **Marc Escursell, Carmen Selma**

Location | Situation | Stadt: **Barcelona, Spain**

Inauguration | Année d'inauguration | Eröffnungsjahr: **2001**

Fresh from the oven, this tiny (110 square meters) restaurant jump-starts Barcelona's gastronomic offering by playing with clean masses and carefully manicured furnishings in keeping with the latest design trends. The idea is a minimalist one combining two colors, pearl gray and chocolate, for most of the interior pieces. In fact, the proprietors of the Xocoa presume to have been inspired by the always mythical Hotel St. Martins, by the illustrious Philippe Starck, which says a good deal about the ambience they have achieved.

The inside of the deep window openings are green, a color that reflects into the general space and gives its own nuance to the lighting. The result is a caramelized atmosphere, in keeping with the cook's sweet specialties.

Tout juste sorti du four, ce petit restaurant (à peine 110 m²) démarre dans la rubrique gastronomique de Barcelone en jouant avec des volumes nets et un mobilier très soigné, caractéristiques des tendances les plus récentes du design actuel. Dans un certain minimalisme, deux couleurs sont combinées – le gris perle et le chocolat - dans la majeure partie du mobilier. De fait, les propriétaires se targuent de s'être inspirés du toujours mythique Hôtel St. Martins, de l'illustre Philippe Starck, ce qui en dit long sur l'atmosphère créée.

La partie interne des fenêtres encastrées est d'une couleur verte qui se diffuse dans l'espace et nuance l'éclairage général du local. Il en résulte une atmosphère caramel qui s'accorde parfaitement avec les spécialités sucrées du chef.

Fast wie frisch aus dem Ofen geholt startet im gastronomischen Veranstaltungsprogramm Barcelonas ein kleines Restaurant (kaum 110m²) das mit sauberen Volumen und einem sehr gepflegten Mobiliar nach den letzten Trends des aktuellen Designs spielt. Eine minimalistische Idee, die beim grössten Teil des Mobiliars zwei Farben kombiniert, Perlgrau und Schokolade. Tatsächlich prahlen die Besitzer sich in dem mythischen Hotel St. Martins des illustren Philippe Starck inspiriert zu haben, was ja viel über das erreichte Ambiente aussagt. Das Innere der in den Wänden eingelassenen Fenster sind in einer grünen Farbe gehalten worden, das gleichzeitig in den raum strahlt und die generelle Beleuchtung des Lokals nuanciert. Das Resultat ist eine karamelierte Atmosphäre in Absimmung mit den süssen Spezialitäten des Koches.

Experts in the art of chocolate, the owners of Xocoa wanted to transmit this sweet tone to a good part of the furniture, designed by Carmen Selma.

Experts dans l'art du chocolat, les propriétaires du Xocoa ont voulu que sa douce tonalité soit présente dans une bonne partie du mobilier, signé Carmen Selma.

Als Experten in der Kunst der Schokolade wollten die Besitzer des Xocoa diese süsse Tonart auch in den einem grossen Teil des von Carmen Selma entworfenen Mobiliars vermitteln.

A careful aesthetic like that in the low counter at the entrance: ideal as a sushi bar, really, but here only for desserts. The tasting is done in the Bombo chairs, by Magis.

Une esthétique soignée, notamment dans le comptoir peu élevé qui figure à l'entrée : parfait pour un bar à suhi, mais on ne sert ici que des desserts à déguster dans les chaises "Bombo" de Magis.

Gepflegte Ästhetik wie die der nicht sehr hohen Theke, die sich gleich hinter dem Eingang befindet: ideal für eine Sushi-Bar, aber nur für Desserts. Die Kosprobe findet in den Stühlen Bombo von Magis statt.

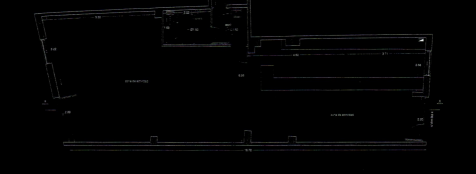

The reduced surface area gains light from the high (5 meter) ceilings and the general green color diffusing the space.

La superficie peu étendue gagne en luminosité grâce à la hauteur des plafonds (5 m) et à la dominante verte qui se diffuse dans l'espace.

Die spärliche Fläche gewinnt über die hohen Decken (5m) und das generelle Grün, das in den Raum gestrahlt wird an Beleuchtung.

Fuse

Project | Projet | Entwurf: **Àngels Hidalgo de la Torre**

Location | Situation | Stadt: **Barcelona, España**

Inauguration | Année d'inauguration | Eröffnungsjahr: **2001**

Two large bays configure the 400 square meter restaurant cum music/dance club. An entrance hall initiates the longitudinal bar, the checkroom and the Internet connection area, where you can also have a drink, singly or in a group, and where stools of different heights alternate. The second area has another bar and a sector with folding tables and pile-up side chairs that can be sidelined after dinner to provide a dance floor.

Indirect lighting built into the architectural structures is joined to more general lighting. Both systems are regulated by dimmer switches depending on the activity of the moment, especially when the dancing begins.

Deux grands espaces constituent la structure de 400 m^2 de ce restaurant / club musical / discothèque. Un couloir d'accès accueille le bar, tout en longueur, le vestiaire ainsi que la zone de connexion à Internet où il est également possible de boire un verre, seul ou en groupe. Des tabourets de hauteur inégale y alternent. Le deuxième espace accueille un autre bar et un ensemble de tables pliables et de chaises empilables qui sont rangées après le dîner pour dégager la piste de danse.

L'éclairage est une conjugaison de lumières indirectes intégrées dans les structures architecturales et de lumières générales. Toutes sont modulables, afin de pouvoir varier l'intensité selon les circonstances, notamment à l'heure de danser.

Zwei grosse Räume bilden die Struktur der 400m^2 des Restaurants/Musik- und Tanz-Clubs. In einem Flur, der gleichzeitig als Zugang fungiert, befindet sich eine langgezogenen Theke, mit der Garderobe und Internet-Zone, wo man allein oder in Gruppe einen Drink zu sich nehmen kann und wo sich Hocker mit verschiedenen Höhen abwechseln. Der zweite Bereich nimmt eine andere Theke und eine Ansammlung von Klapptischen und Stapelstühlen auf, die nach dem Abendesses entfernt werden, um Platz für die Tanzfläche zu lassen. Die Beleuchtung vereinigt die indirekten Lichter, die in die kreierte architektonische Struktur integriert sind, und anderen generallen Lampen. Beide sind graduierbar, um je nach Funktion des Momentes die Intensivität des Lichts zu variieren, vor allem dann, wenn der Moment des Tanzens kommt.

The idea of a multi-functional space serving as restaurant, bar, dance floor, Internet connection, and visual projections allowed the designers to play with alternate schemes in colors, textures, and materials.

L'idée d'un espace multifonctionnel qui intègre à la fois un restaurant, un bar, une piste de danse, une possibilité de connexion à Internet et des projections visuelles a permis de jouer avec l'alternance des couleurs, des textures et des matériaux.

Die Idee einen multifunktionellen Raum als Restaurant, Bar mit Tanzfläche, Anschluss an Internet und visuelle Projektionen zu konzipieren, erlaubte mit der Abwechselung von Farben, Strukturen und Materialien zu spielen.

The sophisticated motifs are surprising alongside the rustic materials. The lighting is the element that most successfully brings out the decor, always in vivid colors.

Des motifs sophistiqués jouxtant des matériaux rustiques produisent un effet de surprise. L'éclairage est l'élément utilisé pour souligner chacun des différents décors, toujours dans des couleurs vives.

Die raffinierten Motive überraschen zusammen mit den rustikalen Materialien. Die Beleuchtung ist ein Element, das dazu dient, jegliche der Dekorationen immer in lebendigen Farben hervorzuheben.

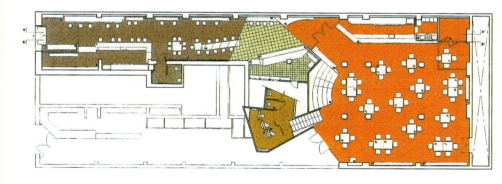

Brew Moon

Project | Projet | Entwurf: **Darlow Christ Architects**

Location | Situation | Stadt: **Boston, USA**

Inauguration | Année d'inauguration | Eröffnungsjahr: **1995**

Under the sign "Welcome to the Moon" and a gray wall grid with printed signs and letters, the restaurant-brewery that goes by the name of Brew Moon welcomes its clients. As beer is the most emblematic product served in here, Darlow and Christ chose a decoration scheme evoking the brewing process. The tops of the tables and of the bar are birch wood. The walls are finished in ochre stuccos and in copper and steel plate, sandblasted to produce a rough texture, thus creating forms alluding to the legendary beverage.

Au moyen d'un panneau indiquant "Welcome to the Moon" et d'une toile murale grise quadrillée sur laquelle sont imprimés des signes et des lettres, le restaurant-brasserie Brew Moon souhaite la bienvenue au client. La bière étant le produit emblématique des restaurants Brew Moon, Darlow et Christ ont opté pour des intérieurs jouant sur le processus d'élaboration de cette boisson. Le plateau des tables et le comptoir du bar, en bois d'érable, les murs recouverts de stucs ocres, de plaques de cuivre et d'acier inoxydable sur lesquelles a été appliqué du sable afin d'obtenir une texture rugueuse sont autant d'éléments ayant permis de créer des formes évoquant la bière.

Unter einer Schild mit der Inschrift "Welcome to the Moon" und einer Leinwand bestehend aus einer grauen, karierten Mauer mit Buchstaben und aufgedruckten Zeichen, heisst das Restaurant und Bierlokal Brew Moon seine Kunden Willkommen. Das das Bier das emblematischste Produkt des Restaurants Brew Moon ist, wählten Darlow und Christ Elemente für das Interieur aus, die an den Prozess der Bierherstellung erinnern. Die Tischplatten und die Theke der Bar aus Ahornholz, die Wände mit ockerfarbenem Stuck überzogen, Bleche aus Kupfer und rostfreiem Stahl, die sandbestrahlt wurden, um ihnen eine rauhere Struktur zu geben, schaffen die Kreation von Formen, die auf dieses Getränk anspielen.

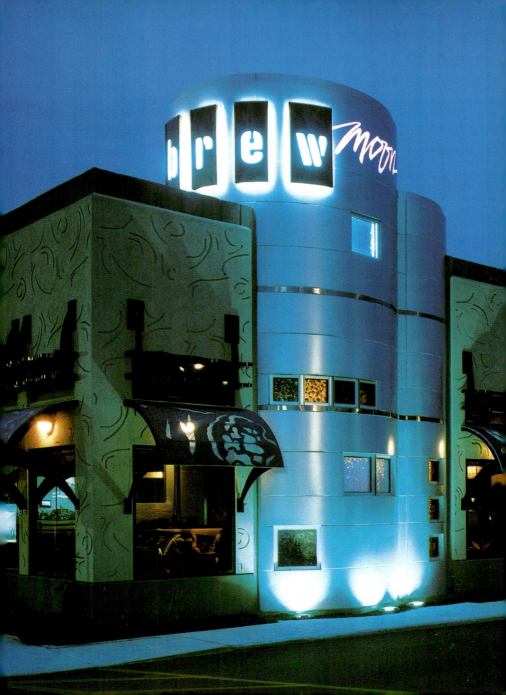

The ornamental motifs in the Brew Moon evoke the brewing process.

Les motifs du décor du Brew Moon évoquent le processus d'élaboration de la bière.

Die Motive der Dekoration des Brew Moon ahmen den Prozess der Bierherstellung nach.

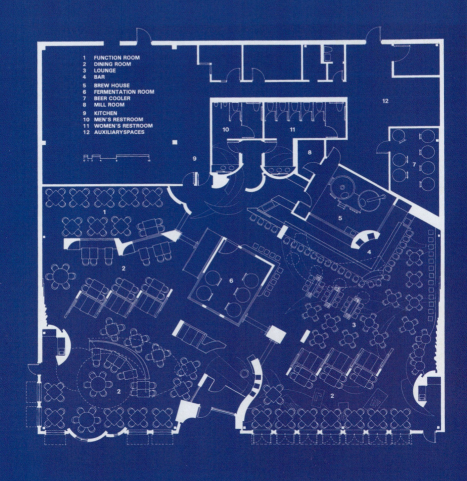

General plan of the restaurant.

Étage principal du restaurant.

Grundriss des Restaurants.

The center of the Brew Moon: enormous metal fermentation vats.

Au centre du restaurant figurent d'énormes barils métalliques servant à la fermentation de la bière.

Im Zentrum des Restaurants wurden enorme Metallfässer der Bierfermentation aufgestellt.

Taira

Project | Projet | Entwurf: **Gustavo Barba**

Location | Situation | Stadt: **Barcelona, España**

Inauguration | Année d'inauguration | Eröffnungsjahr: **2001**

The Japanese ideogram taira means "environment of harmony" and this is what inspired Fabián Ríos, the promoter, to renew the aesthetic of the installation, applying a Zen concept referring to the beauty of unfinished, imperfect, changing things.

But the bare concrete, the glass, and the recycled wood are part of a vanguardist interior decoration belonging to Western aesthetics. The carefree element, in this scenography halfway between Japan and the Occident, is achieved by the bare light bulbs raining from the ceiling, the work of architect Gustavo Barba.

L'idéogramme japonais Taira signifie "ambiance harmonieuse". En nommant ainsi le local qu'il a monté, Fabián Ríos résume l'esthétique de l'installation en lui appliquant un concept zen qui désigne la beauté des choses inachevées, imparfaites et mouvantes.

Cependant, le béton armé de décoffrage, le verre et le bois recyclé composent un intérieur d'avant-garde à l'esthétique typiquement occidentale. Dans cette scénographie à mi-chemin entre le Japon et l'occident, un clin d'œil est apporté par une pluie d'ampoules décortiquées suspendues au plafond, une œuvre de l'architecte Gustavo Barba.

Das japanische Ideogramm taira bedeutet "Ambiente der Harmonie" und aus diesem Grund fasste Fabián Ríos, der Promotor des Lokals, die Ästhetik der Anlage in einem Konzept Zen zusammen, das sich auf Schönheit der unvollendeten, unvollkommenen und veränderlichen Dinge bezieht. Trotzdem bilden der Sichtbeton, das Glas und das recycelte Holz eine vanguardistische Innenarchitektur, die für die westliche Ästhetik charakteristisch ist. Das heitere Element in dieser Szenograpie, auf halbem Weg zwischen Japan und der westlichen Welt, bringen die blossen Glühbirnen, die von der Decke regnen - ein Werk des Architekten Gustavo Barba.

The cement bar assembly, twenty-five meters in length, is said to be the longest in Europe.

Le comptoir en béton armé, avec ses 25 mètres de longueur, serait le plus long d'Europe.

Die Theke aus Sichtbeton mit ihren fünfundzwanzig Metern Länge soll die längste von Europa sein.

Gustavo Barba used bare concrete, glass, and recycled wood in Taira.

Gustavo Barba a utilisé le béton armé de décoffrage, le verre et le bois recyclé.

Gustavo Barba benutzt Sichtbeton, Glas und recyceltes Holz.

Spoon Food&Wine

Project | Projet | Entwurf: **Alain Ducasse**

Location | Situation | Stadt: **Paris, France**

Inauguration | Année d'inauguration | Eröffnungsjahr: **1998**

Spoon Food & Wine is a unique restaurant even before it adds the culinary research element of its renowned chef, Alain Ducasse. The daylight that splashes into this setting, the white blinds, and the pastel chairs counterbalance the more intimate nighttime decor. The exquisite establishment, decorated in wengué wood, offers its guests an unpretentious and intimate space, in keeping with both business lunches and romantic dinners. The special point in the decor is the lighting: by day, the restaurant is filled with natural light, thanks to the blinds; by night, the ceiling, doing homage to the Milky Way, produces a precise, sweet brightness.

Le Spoon Food & Wine est à la fois un restaurant unique et le cadre des travaux d'investigation culinaire du célèbre chef Alain Ducasse. La luminosité du décor diurne, avec ses stores blancs et ses chaises couleur pastel, contraste avec une décoration nocturne plus intimiste. Ce délicieux établissement, paré de bois de wengue, offre à ses clients un espace épuré et intime propice aux déjeuners d'affaires ou au dîners romantiques. La démarche décorative a mis l'accent sur l'éclairage : dans la journée, le restaurant fait le plein de lumière, grâce à ses stores ; le soir, le plafond évoque la voie lactée et diffuse un éclat ponctuel tout en douceur.

Spoon Food & Wine ist ein einzigartiges Restaurant, das durch die kulinarische Forschungsarbeit von Alain Ducasse, seinem anerkannten Chef ergänzt wird. Die helle Tageslicht-Atmosphäre, weisse Stores und pastelfarbene Stühle kontrastrieren eine mehr intime nächtliche Dekoration. Das exquisite Lokal, das mit Wengué-Holz dekoriert wurde, beietet seinen Gästen einen feinen und intimen Raum, der für Geschäftsessen oder romantische Abendessen geeignet ist. Die spezielle Aufmerksamkeit der Dekoration ist auf die Beleuchtung gerichtet: Am Tag füllt sich das Restaurant dank seiner Stores mit Tageslicht. In der Nacht sorgt die Decke wie eine Milchstrasse für einen vollendeten und süssen Schein.

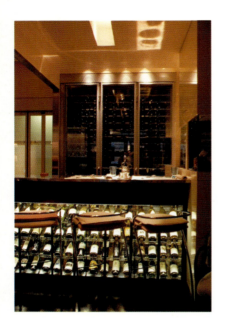

The restaurant offers its guests a selection of different types of seating according to their tastes or moods: easy chairs, low benches, or elegant stools for those who prefer a hurried bar meal.

Le restaurant permet au client de choisir entre différentes sortes de sièges, selon ses goûts ou ses humeurs : bergères, bancs plats ou élégants tabourets pour ceux qui, pressés, préfèrent manger au bar.

Das Restaurant bietet seinen Gästen je nach Geschmack und Laune die Wahl zwischen verschiedenen Varietäten von Sitzgelegenheiten: Lehnstühle, niedrige Bänke oder elegante Hockerfür diejenigen, die - aus Gründen der Eile - an der Theke essen.

The Spoon Food & Wine pays special attention to lighting that adapts easily to the needs of every moment of the day.

Une attention spéciale a été accordée à l'éclairage, qui se module en fonction des besoins de chaque moment de la journée.

Das Restaurant richtet seine Aufmerksamkeit auf eine Beleuchtung, die sich in jedem Moment an die Bedürfnisse des Tages anzupassen weiss.

Sikkim

Project | Projet | Entwurf: **Sergio Durany**

Location | Situation | Stadt: **Barcelona, España**

Inauguration | Année d'inauguration | Eröffnungsjahr: **1999**

The Restaurant Sikkim has come out of the trips of Sergio Durany, its proprietor, to the state of Sikkim, between Nepal and Tibet. Durany's experiences there make the Sikkim replete with a world of Indian handicraft products. The furnishings that have been chosen and the colonial style were acquired in what for the West are exotic lands.

The result is a space ambienced by Indian decor in predominantly reddish tones and with the fragrance of incense and Buddha bellies. But what a surprise to discover, along with this juxtaposition of strange elements, a cuisine served from a basic Mediterranean diet!

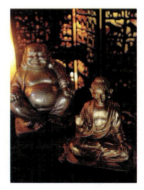

Ce restaurant est né des voyages au Sikkim - état situé entre le Népal et le Tibet - de son propriétaire, Sergio Durany. Fruit de ces expériences, le local regorge de pièces artisanales indiennes. Les meubles choisis, qui évoquent également le style colonial, proviennent de Tierra Extraña.

Il en résulte un espace au cadre hindou, dans lequel dominent les tons rougeâtres, les effluves d'encens et les bouddhas ventrus. Pourtant, on est surpris de découvrir que, face à cette juxtaposition d'éléments exotiques, la cuisine servie est d'inspiration méditerranéenne.

Das Restaurant Sikkim ist das Erbe der Reisen von dem Besitzer Sergio Durany zum Staate Sikkim zwischen Nepal und Tibet. Als Frucht dieser Erfahrungen finden wir eine Lokal voll mit unzähligem indischen Kunsthandwerk. Die Möbel, die ebenfalls im Kolonialstil gewählt wurden, hat man in fremden Ländern besorgt.

Das Resultat ist eine Raum mit Hindu-Ambiente, wor die rötlichen Farbtöne, der Geruch nach Weihrauch und die dikkbäuchigen Buddhas dominieren. Dennoch ist es eine überraschung, wenn man entdeckt das die Gerichte, die hier in Gegenüberstellung zu den exotischen Elementen serviert werden, ihre Wurzeln in der mediterranen Küche haben.

The furnishings are from strange, Tierra Extraña.

Les meubles choisis proviennent de Tierra Extraña.

Die gewählten Möbel stammen aus «Tierra Extraña».

The reddish tones make the Sikkim a strange, warm setting.

Les tons rougeâtres du Sikkim en font un espace chaleureux et exotique.

Die rötlichen Farbtöne verwandeln das Sikkim in einen Raum mit warmem und exotischem Ambiente.

The Sikkim's interior design is the result of Sergio Durany's journeys to the East.

Le design intérieur du Sikkim est né des voyages en Inde de son propriétaire.

Das Innen-Design des Sikkim hat seine Wurzeln in den Reisen seines Besitzern zu den indischen Ländern.

East 47

Project | Projet | Entwurf: **Jordi Cuenca**

Location | Situation | Stadt: **Barcelona, España**

Inauguration | Année d'inauguration | Eröffnungsjahr: **2001**

East 47, the restaurant, is in the luxurious Hotel Claris in Barcelona. In the old building's refurbishment project, the architects reserved the upper floor for the restaurant in order to keep the lower floor free for use as a cocktail bar.

The establishment's decor breathes a sophisticated air, after the style of New York City's most emblematic places. But the high point in the decoration is the exhibit of Andy Warhol originals, in the East 47's homage to the artist, as this was the name of his New York studio.

Le restaurant East 47 s'inscrit dans le cadre du luxueux Hotel Claris de Barcelone. Lors de la réhabilitation de l'ancien local, les architectes réservèrent le premier étage pour y situer le restaurant, avec l'objectif de placer un bar à cocktails au rez-de-chaussée.

La décoration de l'établissement respire la sophistication, à la manière des locaux les plus emblématiques de New York. Cependant, le plat de résistance de la décoration réside dans l'exposition d'œuvres originales d'Andy Warhol, artiste à qui l'East 47 rend hommage, étant donné que c'était là le nom de son atelier à New York.

Das Restaurant East 47 ist Teil des luxuriösen Hotel Claris in Barcelona. Bei der Reabilitation des alten Lokales reservierten die Architekten die obere Etage für die Einrichtung des Restaurants, um das Erdgeschoss für eine Cocktailbar zu nutzen.

Die Dekoration des Lokals atmet ein raffiniertes Ambiente nach dem Stil der emblematischsten Lokale von New York. Das Hauptgericht der Dekoration ist jedoch die Ausstellung der Original-Werke von Andy Warhol, Künstler den das East 47 ehrt, schliesslich war dies der name seines Studios in New York.

The furniture is minimalist. The side chairs, in white leather, are the Manila model. The tables are made up of a base and top of wengué. Both these models belong to Andreu World's collection.

Le mobilier a été choisi pour son aspect minimaliste. Les chaises, en cannage et peaux blanches, forment le modèle Manilla. Les tables sont constituées d'un pied et d'un plateau en bois de wengue. Les deux modèles appartiennent à la collection d'Andreu World.

Das Mobiliar wurde mit minimalistischen Zügen ausgewählt. Die Stühle, geflochten und aus wiessem Leder, sind das Modell Manila. Die Tische betshen aus einem Fuss und eine Tischplatte aus Wengué-Holz. Beide Modelle gehören zur Kollektion von Andreu World.

The East 47 is a magnificent space for exhibiting original work by Andy Warhol.

L'ensemble fait de l'East 47 un espace magnifique pour l'exposition des œuvres originales d'Andy Warhol.

Das East 47 verwandelt sich in einen wundervollen Raum für die Ausstellung der Original-Werke von Andy Warhol.

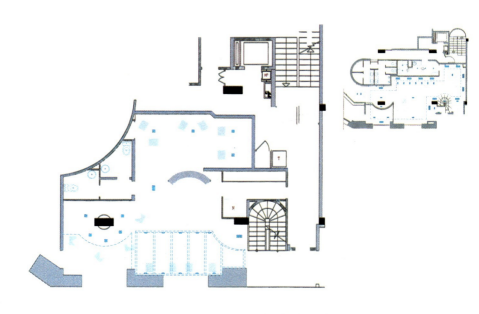

Boi na Brassa

Project | Projet | Entwurf: **Paulo Lobo**

Location | Situation | Stadt: **Vila Moura, Algarve, Portugal**

Inauguration | Année d'inauguration | Eröffnungsjahr: **200**.!

The Boi na Brassa is a theme restaurant that opens its doors in the summertime. The restaurant is an almost fully open-air space, which makes it an exotic paradise. Its emblematic decorative features, like the green palms and the blue pool water, live up to the adjectives.

The materials used in the construction include rusted steel and reddish wengué wood. The framing is complemented by classical sofas and lighting. Walls, trees, and bushes alike are illuminated to make the Boi na Brassa an exquisite exotic garden.

Le Boi na Brassa est un restaurant thématique qui ouvre ses portes lors de la saison estivale. Il est presque complètement situé à l'air libre, recréant ainsi une ambiance paradisiaque et exotique. On notera, parmi les éléments décoratifs emblématiques, le vert des palmiers et le bleu de l'eau de la piscine. Quant aux matériaux utilisés, le fer oxydé et le bois de wengue prédominent. Entrent également dans la composition des canapés de style classique. L'éclairage général illumine les murs et les arbres et arbustes de telle sorte qu'il transforme le Boi na Brassa en jardin exquis.

Das Boi na Brasa ist ein thematisches Restaurant, das nur während der Sommerperiode öffnet. Das Restaurant befindet sich fast komplett unter freiem Himmerl in einem paradiesischen und exotischen Ambientee. Als emblematische Dekorationselemente stechen das Grün der Palmen und das Blau des Poolwassers hervor.

Was die verwendeten Materialien betrifft, dominieren das gerostete Eisen und das Wengué-Holz. Die Gestaltung wird durch Sofas im klassischen Stil komplementiert. Die generelle Beleuchtung strahlt auf die Wände und auf die Báume und Büsche und verwandelt das Boi na Brasa in einen exquisiten Garten.

The palm trees bordering the Boi na Brassa provide a strange exotic touch.

Les palmiers du Boi na Brasa donnent à l'atmosphère une touche d'exotisme.

Die Palmen des Boi na Brasa geben dem Ambiente einen Hauch von Exotik.

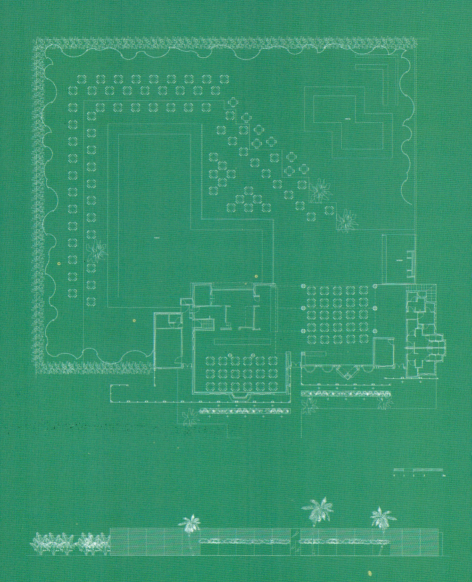

Oriental

Project | Projet | Entwurf: **Paulo Lobo**

Location | Situation | Stadt: **Porto, Portugal**

Inauguration | Année d'inauguration | Eröffnungsjahr: **2000**

The new architecture that went into the conversion of the Oriental Restaurant conserved the building's original structure to open up the central part of the upper floor with an open ceiling over the bar.

Dark tones are favored, and materials like the vegetal paper that contextualizes the Oriental's main theme. The walls, thus, are decorated with wrinkled dark blue paper under glass to divide the rooms. The feature makes the vertical structures into aesthetically delicate plastic surfaces that are brought out by the interplay of the lighting. The result is a private feeling conferred on each table.

Le projet de réhabilitation du restaurant Oriental conserve la structure de l'ancien édifice tout en ouvrant, au centre du premier étage, une balustrade établissant le contact avec le bar.

Des tons sombres et des matériaux tels que le papier végétal ont été choisis afin de contextualiser la thématique du restaurant. C'est ainsi que les murs de l'établissement sont décorés de ce papier bleu marine, froissé et placé derrière des vitres faisant usage de mur. Ce procédé donne aux murs un aspect de superficies plastiques à l'esthétique délicate. Les jeux de lumière mettent la décoration du restaurant en valeur et octroient à chaque table une intimité propre.

Das Rehabilitationsprojekt für das Restaurant Oriental behält die Struktur des alten gebäudes bei und öffnet im zentralen Bereich der oberen Etage ein Gitter, von dem aus der Kontakt mit der Bar aufgenommen wird.

Man wählte dunkle Farbtöne und Materialien wie Transparentpapier, um die Thematik des Restaurants zu kontextualisieren. Auf diese Weise wurden die Wände des Lokals mit blauem verknittertem Transparentpapier hinter Glasscheiben, die als Wand dienen, dekoriert. Dieses Hilfsmittel verwandelt die Wände in plastische Oberflächen mit einer delikaten Ästhetik. Die Lichtspiele verschönernd die Dekoration des Restaurants und vermitteln jedem Tisch Privatatmosphäre.

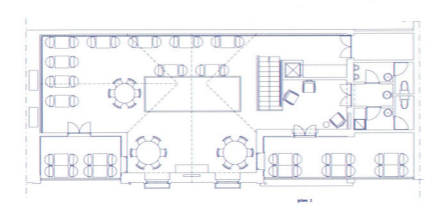

The interplay of the lighting proves an excellent way to bring out the decoration and confers on each table an air of intimacy.

Les jeux de lumière révèlent et mettent la décoration du restaurant en valeur tout en octroyant à chaque table une intimité propre.

Die Lichtspiele stechen hervor und verschönern die Dekoration des Restaurants und vermitteln jedem Tisch Privatatmosphäre.

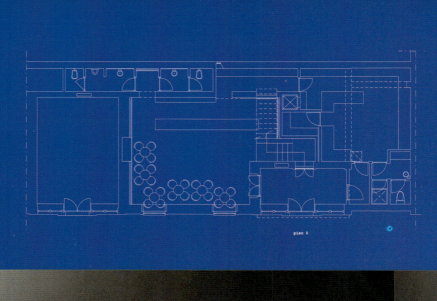

piso 0

Sushi & News

Project | Projet | Entwurf: **Laurent Martin**

Location | Situation | Stadt: **Barcelona, España**

Inauguration | Année d'inauguration | Eröffnungsjahr: **1998**

The creation of the Sushi & News Restaurant arose from the search for a functional project capable of serving sushi in the best environment.

The location of a building in the old stables of a palace provided the decorators with ideal conditions for this aim, and the result is a restaurant emphasizing the importance of a pure, essential beauty. An example is the kitchen, located in the center of the restaurant which, as a kind of open laboratory, immediately makes you part of the preparation of the dishes. The electrical and plumbing installations, similarly, have been left partly revealed through a screen system.

Le restaurant Sushi & News a été conçu sur la base de la recherche d'une solution fonctionnelle permettant de servir les sushi dans les meilleures conditions.

La découverte d'un local dans les anciennes écuries d'un palais a fourni aux architectes d'intérieur un espace incomparable. Il en résulte un restaurant mettant l'accent sur l'importance d'une beauté essentielle et pure. À titre d'exemple, une cuisine située au centre du restaurant, tel un laboratoire à la vue de tous, dévoile aux clients ses secrets au moment de la préparation des plats. Les installations de lumière et d'eau sont, elles aussi, rendues visibles par un système de grilles.

Das Restaurant Sushi & News wurde von der Suche nach einer funktionellen Lösung ausgehend entworfen, die es ermöglichen sollte, das Sushi in den besten Konditionen zu servieren. Der Fund eines Lokals in alten Pferdeställen eines Palastes proportionierte den Innenarchitekten einen unübertrefflichen Raum. Das Resultat ist ein Restaurant, das die Wichtigkeit einer essentiellen und reinen Schönheit betont. Das Beispiel dafür ist die im Zentrum des Lokals situierte Küche, die wie ein sichtbares Labor den Kunden ihre Geheimnisse während der Zubereitung der Gerichte zeigt. Die Installationen des Lichts und des Wassers wurden ebenfalls mit einem Gittersystem sichtbar gelassen.

The furnishings in Sushi & News are by Mercantic.
Les meubles du Sushi & News proviennent de Mercantic.
Die Möbel des Suhi & News sind von Mercantic.

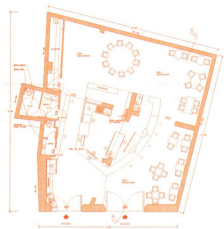

The restaurant is the result of a desire to recover the beauty of a refurbished space so as to serve sushi in the best possible conditions.

Le restaurant Sushi & News est né de la volonté de redonner vie à la beauté d'un ancien espace qui permet de servir des sushi dans les meilleures conditions.

Das Restaurant Sushi & News ensteht aus der Absicht, die Schönheit eines alten Raumes wiederzugewinnen, die es ermöglicht, das Sushi in den besten Konditionen zu servieren.

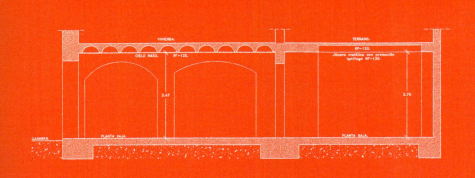

Isola

Project | Projet | Entwurf: **Andrew Martins**

Location | Situation | Stadt: **London, United Kingdom**

Inauguration | Année d'inauguration | Eröffnungsjahr: **2001**

This restaurant decorated in different shades of red brings memories of the 1970s, both in its decoration and its rescued furnishings. No other restaurant in Europe is upholstered by the Ferrari automobile company and recalls past times when such marked lines were in fashion. Revised Pop, skay in booths, ottomans and walls. The space is laid out to create smaller spaces for formal and informal gatherings.

Thanks to the oversize windows and the privileged location, natural light flows into the entire restaurant, providing extraordinary brightness. It is ideal for fast-food service and for those dining alone.

Ce restaurant, peint dans des tons rougeâtres, rappelle ceux des années 70, tant par sa décoration que par son mobilier récupéré. Le seul dans toute l'Europe dont les murs sont tapissés par la maison automobile Ferrari et qui ramène ses clients à cette époque révolue où régnait une tendance marquée pour les lignes. Pop remise au goût du jour, skaï sur les sièges, les poufs et même sur les murs. La division spatiale dessine des habitacles permettant d'accueillir de petits groupes de manière informelle.

Grâce à de grandes baies vitrées et à sa situation incomparable, la lumière naturelle inonde tout le local et le dote d'une extraordinaire luminosité. C'est le lieu idéal pour les repas rapides et pour les clients solitaires.

Dieses Restaurant in den rötlichen Tönen erinnert an jene Lokaleder 70er jahre, sowohl durch seine Dekoration als auch durch sein wiedererlangtes Mobiliar. Das einzige in Europa und überzogen vom Automobilhersteller Ferrari und das uns in jene vergangenen Zeiten zurückführt, in denen eine markante Tendenz der Linien regierte. Überholter Pop, Skay bei den Sitzen, Puffs und sogar als Wandverkleidung. Die räumliche Aufteilung schafft Sitzgruppen, die dazu dienen, kleinere Gruppen in infrmeller Weise aufzunehmen. Dank der grossen fenster und seiner unübertrefflichen Situation, strahlt das natürliche Licht durch das gesamte Lokal und versorgt es mit einer extraordinären Helligkeit. Ideal für schnelle Mahlzeiten und jene, die alleine kommen.

The design of the medium-backed barstools is one of the restaurant's representative features.

Les tabourets conçus avec des dossiers constituent l'un des éléments les plus représentatifs du restaurant.

Das Design der Hocker mit Rückenlehne ist eines der repräsentativsten Elemente des Restaurants.

Red skay is the basic material used in booths and ottomans. The light tones in the columns are accentuated still more by the natural light splashing in through the oversize windows.

Le skaï rouge est le matériau de base utilisé pour la réalisation des sièges et des poufs. Les nuances claires des colonnes sont plus accentuées encore par l'incursion de la lumière naturelle.

Rotes Skay ist das Basismaterial für Sitze und Puffs. Die hellen Farbtöne der Säulen werden durch die Einstrahlung des Aussenlichts noch mehr akzentuiert.

Camp

Project | Projet | Entwurf: **Siam Restaurant S.L.**

Location | Situation | Stadt: **Madrid, España**

Inauguration | Année d'inauguration | Eröffnungsjahr: **1999**

The Camp is a three-story establishment with a café, a restaurant, and a pub-discotheque. Its interior decoration establishes an explicit method of recreating a New York setting, and this has made it a new cult place for lovers of a decided return to futurist pretensions. There is an outstanding and daring selection of furniture of vanguardist stamp imported from the U.S.A.

The definitive core that sets the Camp inside a revisionist postmodern aesthetic is the projection on a large screen of the very latest works of video artists, science fiction films, and Manga.

Le Camp est un établissement de trois étages abritant un café, un restaurant et un pub-discothèque. Sa décoration d'intérieur affirme explicitement sa volonté de recréer une ambiance new-yorkaise, raison pour laquelle ce local s'est converti en un nouveau lieu de prédilection pour les amateurs de fermes prétentions rétro-futuristes. Le restaurant se distingue par un choix osé pour le mobilier d'importation américaine au design avant-gardiste. Le détail qui submerge définitivement le Camp d'une esthétique post-moderne révisionniste consiste dans la projection, sur grand écran, des œuvres vidéo-artistiques, des films de science-fiction et de mangas les plus récents.

Das Camp ist ein Lokal mit drei Etagen und beherbergt ein Café, ein Restaurant und ein Pub-Diskothek. Seine Innenarchitektur birgt den expliziten Willen, das New Yorker Ambiente nachzuahmen. Von daher hat sich das Lokal zu einem neuen Kultplatz für die Liebhaber von entschiedenen retrofuturistischen Absichten verwandelt. Eine gewagte Auswahl von vanguardistischen designer-Möbeln aus amerikanischer Importation sticht hervor.

Die definitive Nuance die im Camp innerhalb einer postmodernen und revisionistischen Ästhetik auftaucht, ist die Projektion von den letzten Werken der Videokünstler mit ihren Science-Fiction-Filmen und Mangas auf einem grossen Bildschirm.

The vanguardist furniture is imported from the United States.

Le mobilier avant-gardiste est d'importation américaine.

Das vanguardistische Mobiliar ist aus amerikanischer Importation.

The Camp recreates a New York setting.

Le Camp a pour prétention de recréer une ambiance new-yorkaise.

Das Camp will ein New Yorker Ambiente nachahmen.

The Camp includes a café, a restaurant, and, downstairs, a pub-discotheque.

Le Camp abrite un café, un restaurant et, au sous-sol, un pub-discothèque.

Das Camp beherbergt ein Café, ein Restaurant und in seinem Souterrain ein Pub-Discothek.

La Semproniana

Project | Projet | Entwurf: **Santiago Alegre**

Location | Situation | Stadt: **Barcelona, España**

Inauguration | Année d'inauguration | Eröffnungsjahr: **1993**

Housed in a building that served as a print shop in the 60s, La Semproniana boasts feminine details. Not in vain: the restaurant's proprietor, Ada Parellada, has knowledgeably transferred the originality of her recipes to what is enigmatic in the space. It is a question of a right interpretation shared with architect Santiago Alegre, whose inspiration shines through the ornamentation, the colored canopies, and the many paintings that hang on the walls. It is all totally unostentatious: there is a noteworthy collection of old furniture rescued from the Encantes flea market, there are candelabra, unmatched lamps scattered around... It all makes the place a small baroque island with sharp touches of Oriental exoticism.

Situé dans le local qui, dans les années 60, abritait une imprimerie, La Semproniana conjugue son goût du détail au féminin. Ce n'est pas en vain que sa propriétaire, Ada Parellada, a su transmettre l'originalité de ses recettes au caractère énigmatique de l'endroit. Le résultat est une réussite qu'elle partage avec l'architecte Santiago Alegre, auteur de la brillante inspiration à l'origine de la sélection des ornements, des baldaquins colorés et des nombreux tableaux accrochés aux murs. Loin du faste, l'ensemble de meubles anciens récupérés aux puces mérite d'être remarqué, tout comme les chandeliers et diverses lampes disposées çà et là et transformant l'endroit en une petite île modérément baroque avec une touche d'exotisme oriental.

In einem Lokal untergebracht, das während der 60er Jahre eine Druckerei beherbergte, präsentiert das La Semproniana seine Details in feminin. Nicht vergebens hat die besitzerin Ada Parellada versucht, die Originalität ihrer Rezepte auf das Rätselhafte des Ortes zu übertragen. Es handelt sich um eine Geschicklichkeit, die sie mit dem Architekten Santiago Alegre teilt. Jenem Schaffer der Inspiration, die in der Sektion der Verzierungen, der farbigen baldachine und der reichlichen Bilder, die an der Wand hängen. Weit weg von grossem Prunk verdienenen es die alten Möbel, hervorgehoben zu werden. Von den Antiquitätenmärkten gerettet, verwandeln sie, zusammen mit den Kandelabern und den verschiedenen überall aufgehängten Lampen, den Ort in eine kleine Insel vons moderatem Barrock mit merklichen Tupfen orientalischer Exotik.

An excellent hand in the kitchen allies itself with the careful detail of the romanticism. The exotic canopies and the large number of candelabra evoke images that renew novel effects.

Une cuisine excellente réjouit le soigneux perfectionnisme des vieux romantiques. L'exotisme des baldaquins et la profusion de chandeliers évoquent des images qui ressuscitent des ambiances romanesques.

Eine exzellente Hand in der Küche verbündet sich mit dem gepflegten Detaillismus der alten Romantiker. Die Exotik der Baldachine und der Überfluss der Kandelaber schaffen Bilder die romanhafte Effekte wiederbeleben.

Casanova

Project | Projet | Entwurf: **Manuel Graça Dias, Egas José Vieira, Júlio Teles Grilo**

Location | Situation | Stadt: **Lisboa, Portugal**

Inauguration | Année d'inauguration | Eröffnungsjahr: **2000**

Casanova is a project to restore an old warehouse opposite Lisbon's Santa Apolonia Station and convert it into a pizzeria. The project situated the kitchen and the front entrance as well as the staff entrance on Avenida Infante D. Henrique in order to provide the dining room with a privileged view of the river. The kitchen and the pizza ovens have been installed in glass cases that put the preparation work on exhibit. It was not wrong to take maximum advantage of as much height as possible in the original ceiling, covering it in curved plaster moldings. Pedro Cabrita Reis designed seven oval mirrors that now reflect the image of the clientele in the establishment, which thus becomes a vibrant, cosmopolitan room.

Le Casanova est un projet dont l'objectif est de récupérer un ancien entrepôt situé en face de la gare de Santa Apolonia de Lisbonne pour le transformer en pizzeria. La cuisine et l'entrée du public et du personnel ont délibérément été placées de manière à donner sur l'Avenida Infante D. Henrique afin d'octroyer à la salle à manger une vue privilégiée sur le fleuve. La cuisine et les fours à pizza ont été installés dans des structures en verre exhibant le travail de préparation des mets. On remarque également une volonté de mettre les grandes dimensions du plafond original en valeur en le couvrant de voûtes en plâtre durci. Pedro Cabrita Reis a conçu sept miroirs de forme ovale dont les reflets jouent avec les clients de l'établissement qui devient, de cette manière, une salle cosmopolite et vibrante.

Das Casanova ist ein Projekt zur Renovierung des alten Lagers gegenüber des Bahnhofes Santa Apolonia von Lissabon und Umgestaltung in eine Pizzeria. Man entschied sich, die Küche, den Eingang für die Gäst und das Personal in der Avenida Infante D. Henrique zu situieren, um dem Speisesaal einen privilegierten Ausblick auf den Fluss zu reservieren. Die Küche und die Pizzaöfen wurden in Glaskästen installiert, die die Arbeit der Zurbereitung des Essens zur Schau stellen. Hervorzuheben ist die Option, die grösseren Umfänge, die das Originaldach bot, auszunutzen und mit Bogen aus kartonähnlichem Gips zu bedecken. Pedro Cabrita Reis entwarf sieben ovale Spiegel die mit den Spiegelbildern der Gäste des Lokals spielen, das sich auf diese Weise in einen kosmopolitischen und vibrierenden Saal verwandeln.

Seven large oval mirrors designed by Pedro Cabrita Reis decorate the Casanova.

Sept grands miroirs de forme ovale conçus par Pedro Cabrita Reis décorent le Casanova.

Sieben grosse ovale Speigel, entworfen von Pedro Cabrita Reis, dekoreiren das Casanova.

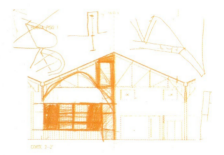

The kitchen and the ovens, in glass cases, put the food preparation on exhibit.

La cuisine et les fours, situés dans des structures en verre permettent à la clientèle d'être spectatrice de la préparation des plats.

Die Küch und die Öfen, die in Glaskästen untergebracht wurden, erlauben es dem gast, Zuschauer bei der Zubereitung der Gerichte zu werden.

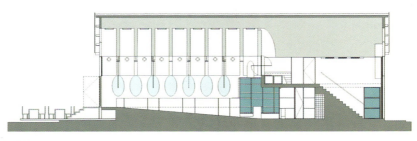

CORTE AB

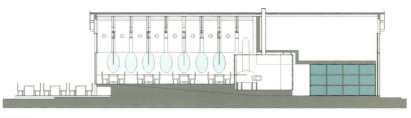

CORTE CD

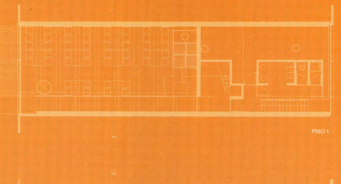

PISO 1

PISO 0

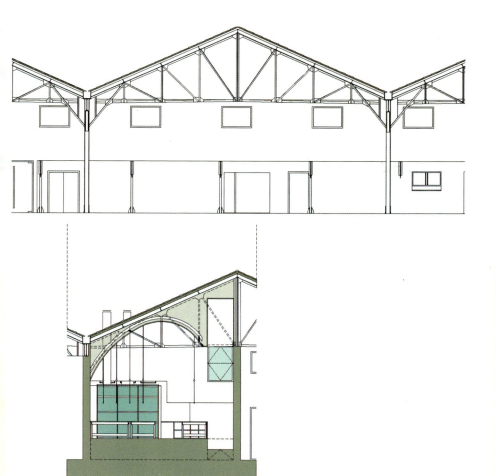

CORTE EF

Belgo Zuid Restaurant

Project | Projet | Entwurf: **Foreign Office Architects Ltd.**

Location | Situation | Stadt: **London, United Kingdom**

Inauguration | Année d'inauguration | Eröffnungsjahr: **1999**

The Belgo Zuid is in London's Bohemian Notting Hill. The architects adopted a design strategy that goes beyond the purely kitsch intention of the traditional Belgo chain, an international group of specialized Belgian cuisine restaurants. The project ideated by Farshid Moussavi and Alejandro Zaera-Polo brings about a constant interplay among basic features used in the chain's establishments but exploits their formal, structural, and organizational qualities. Thus, the mussels, so typical of Belgian cooking; the beer kegs; the medieval arches; the stained glass (Breughel or Bosch) become relevant motifs in the renowned restaurant's decor.

Le restaurant Belgo Zuid est situé dans le bohème Notting Hill londonien. Les architectes adoptèrent une stratégie de conception qui prétendait aller au-delà de l'intention purement kitsch que propose traditionnellement Belgo, la chaîne internationale de restaurants spécialisés en cuisine belge. Le projet de Farshid Moussavi et d'Alejandro Zaera-Polo mise sur un jeu toujours construit autour des caractéristiques de base de la chaîne de restauration, dans l'objectif d'explorer ses qualités formelles, structurelles et organisationnelles. Ainsi, les moules, si représentatives de la cuisine belge, les barils de bière, les voûtes médiévales ou les vitres de couleurs (Breughel ou Bosch) deviennent des éléments remarquables dans la décoration du fameux restaurant.

Das Restaurant Belgo Zuid ist im Londoner Künstlerviertel Notting Hill situiert. Die Architekten entschieden sich für eine Design-Strategie, die versuchte über den puren Kitsch hinauszugehen, die das Belgo, eine in belgischer Küche spezialisierte internationale Restaurantkette, traditionell bietet. Das Projekt von Farshid Moussavi und Alejandro Zaera-Polo setzt auf ein Spiel mit den Basischarakteristiken der Restaurantkette und versucht seine formellen, strukturellen und organisatorischen Qualitäten zu nutzen. Auf diese Weise verwandeln sich die für die belgische Küche so typischen Miesmuscheln, die Bierfässer, die mittelalterlichen Gewölbe oder die farbigen Glasscheiben - Breughel oder Bosch- in relevante Motive der Dekoration des anerkannten Restaurants.

The building's front is three meters wide. A panel 12 meters in height alternates four different themes above the front door.

La façade de l'édifice fait trois mètres de large. Un panneau de douze mètres de haut reprend quatre thèmes différents au-dessus de l'entrée donnant accès au restaurant.

Die Fassade des Gebäudes ist drei Meter breit. Ein zwölf Meter hohes Paneel präsentiert vier verschieden Themen über dem Eingang des Restaurants.

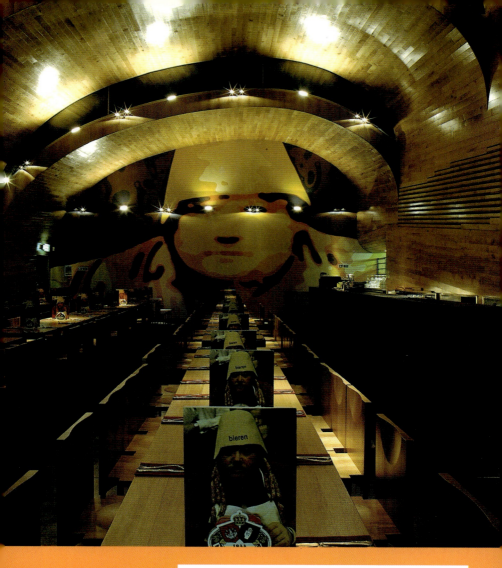

The wall and ceiling are unified by the stainless steel finishing;
the oak panels play a similar role.

Le mur et le plafond se rejoignent à partir de l'acier inoxydable qui revêt
la partie extérieure jusqu'aux planches de chêne disposées à l'intérieur.

Die Wand und die Decke vereinen sich mit rostfreiem Stahl die den äusseren
Teil umgibt und die Eichenplatten die im Inneren angewendet werden.

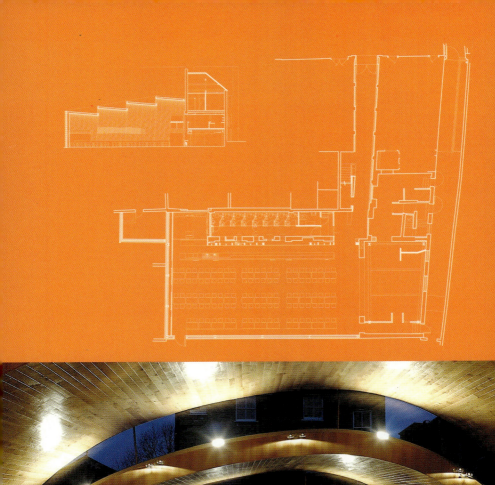

El Tragaluz

Project | Projet | Entwurf: **Pepe Cortés, Sandra Tarruella Esteva**

Location | Situation | Stadt: **Barcelona, España**

Inauguration | Année d'inauguration | Eröffnungsjahr: **1990**

In the heart of the Eixample Quarter of Barcelona, on a passageway that leads to Gaudí's Pedrera, this elegant restaurant opened its doors with a unique design. It occupies three floors and the characteristic line is the moveable glass ceiling connecting the different planes. The effect brings about an elitist climax, but this is toned down by the dynamic that reigns in El Tragaluz. One of the walls covered with signatures testifies to the passage through the restaurant of no mean number of famous names.

A metal staircase connects the upper level (where the dining room is located). Here, the double height has been used to effect. It is an element that opens out the large dimensions even more. Light is dispersed by the combination of parchment panels on the wall, the ceiling lamps, and the light coming in through the glass ceiling.

Situé en plein cœur de l'Eixample, dans un passage qui débouche sur la Pedrera, El Tragaluz ouvre ses portes sur une décoration au design innovateur. Il est bâti sur trois étages et son tracé caractéristique réside dans son plafond mobile et vitré qui rejoint les différents plans. L'effet obtenu atteint des sommets d'élitisme mais ceux-ci sont adoucis par le caractère dynamique du local. L'un des murs, recouvert de signatures témoigne du passage dans le restaurant d'illustres personnalités. Un escalier métallique monte au niveau supérieur où se trouve la salle à manger. Là s'est pratiqué tout un jeu sur les hauteurs doubles étendant davantage encore les dimensions de l'espace. La combinaison des panneaux de papier-parchemin appliqués sur le mur, des suspensions et de la lumière qui entre par le plafond vitré donne à l'éclairage des effets estompés.

Mitten im Eixample in einer Passage die in die Pedrera führt, öffnet El Tragaluz seine mit einem brisanten Design geschmückten Türen. Es erstreckt sich über drei Stockwerke und das charakteristische Merkmal ist die bewegliche Glasdecke, die die verschiedenen Etagen miteinander verbindet. Der erreichte Effekt zollt einen elitären Klimax, der aber durch den dynamischen Charakter des Lokals abgeschwächt wird. Eine der Wände ist voll von Unterschriften und Zeuge Durchgangsverkehrs im Restaurant mit beachtlichen berühmten Namen. Eine Treppe steigt nach oben bis zum oberen Stockwerk, wo sich der Speisesaal befindet. Hier wurde mit der doppelten Höhe gespielt, ein Element, das die Dimensionen des Raumes noch mehr erweitert. Das Licht bleibt schummerig durch die Kombination der Pergamentpaneelen an der Wand, den Deckenleuchten und das Licht, das durch die Glasdecke einstrahlt.

The distribution on the three floors of El Tragaluz offers a spacious locale with grouped tables, opening out the distance between.

La distribution sur trois étages du Tragaluz optimise l'espace du local, permettant d'accroître la distance entre chaque table dans la disposition de celles-ci.

Die Aufteilung des El Tragaluz in drei Etagen bietet ein weiträumiges Lokal, das erlaubt, die Tischgruppen in grosszügigeren Distanzen zu positionieren.

The possibility of using a moveable glass ceiling enriches the large bays. Natural light reaches all the way into the corners.

Le recours à un plafond mobile et vitré fournit un instantané plus riche en volumes. La lumière naturelle pénètre ainsi jusque dans les recoins.

Die Möglichkeit eine bewegliche Glasdecke zu benutzen, hinterlässt eine hinsichtlich der Räumlichkeiten reichere Momentaufnahme. Auf diese Weise nutzt man das natürliche Licht in allen Ecken.

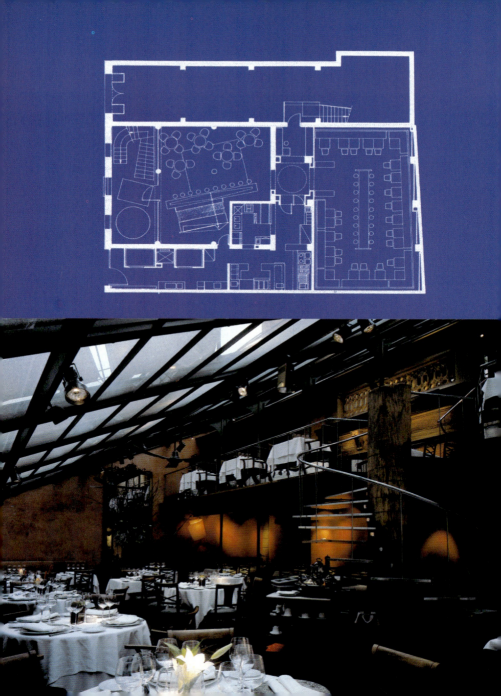

The parchment panels on the wall create a welcoming angle in the whole. The furniture and the technique used in the stairway make for clean, well-defined lines.

Les panneaux de papier-parchemin appliqués sur le mur permettent de créer un angle plus accueillant à l'intérieur de cet ensemble. Le mobilier et la realisation de l'escalier répondent à l'usage de lignes nettes et précises.

Die an der Wand verwendeten Pergamentpaneelen erlauben ein gemütlichere Atmosphäre zu kreieren. Das Mobiliar und die Ausführung der Treppe entsprechen einer Anwendung von sauberen und sehr definierten Linien.

Oxo Tower

| Project | Projet | Entwurf: **Lifschutz Davidson** |

| Location | Situation | Stadt: **London, United Kingdom** |

| Inauguration | Année d'inauguration | Eröffnungsjahr: **1997** |

On the eighth floor of the prestigious Oxo Tower is Harvey Nichols's restaurant, one of the two modules, along with the brasserie.

The incomparable panoramic view of the Thames from the restaurant is part of the deal. The Lifschutz Davidson architects also left the façade free, planning a light skin. This is supported by a latticework spindle resting on two columns in the center of the building. The windows make the first three meters of the façade totally transparent. The lower part of the cladding incorporates linked plates that control the restaurant's acoustics and the lighting as well as the reflected sunrays.

C'est au huitième étage de la prestigieuse tour Oxo que se situe ce restaurant, l'un des deux qui, avec le bar de Harvey Nichols, occupe l'édifice. La magnifique vue panoramique sur la Tamise dont jouit le restaurant incita les architectes de Lifschutz Davidson à en laisser la façade libre. C'est pourquoi le choix a porté sur une toiture légère, supportée par des poutres à jalousies fuselées reposant sur deux piliers placés au centre de l'édifice. Des vitres offrent une transparence totale aux trois premiers mètres de la façade qui donnent sur le fleuve. La partie inférieure de la toiture se constitue de tôles articulées contrôlant l'acoustique du restaurant, ainsi que l'illumination et les reflets des rayons solaires.

In der achten Etage des angesehenen Oxo Tower befindet sich dieses Restaurant, eines von zweien, die hier zusammen mit der Bar von Harvey Nichols zu finden sind.

Die exzellente Aussicht vom Restaurant aus auf die Themse ausnutzend, dachte die Architekten von Lifschutz Davidson daran, die Fassade frei zu lassen. Dafür wurde eine leichte Abdeckung geplant, die von Gitterträgern in Spindelform gehalten wird, welche wiederum auf zwei Pfeilern im Zentrum des Gebäudes ruhen. Die ersten drei Meter der Fassade über dem Fluss sind durch die hohen Glasscheiben völlig transparent. Der innere Teil der Abdeckung besteht aus Gelenk-Lamellen, mit der die Akustik des Restaurants, ebenso wie die Beleuchtung und die Sonneneinstrahlung reguliert werden können.

The view through the façade is unimpeded thanks to the system that supports the windowpanes.

La façade offre un champ de vision totalement libre grâce à des tirants qui, fixés à la toiture, soutiennent les vitres.

Die Fassade ist frei von Sichthindernissen dank der an der Abdeckung befestigten Streben, die die Glasscheiben halten.

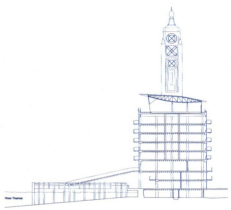

The transparency of the façade and the slightly tilted glass skin offers an incomparable panoramic view of the Thames.

La transparence de la façade et la toiture légèrement inclinée dessinent un profil exceptionnel au bord la Tamise.

Die Transparenz der Fassade und die leicht abgeschrägte Abdeckung bieten ein aussergewöhnliches Profil über der Themse.

Café Salambó

Project | Projet | Entwurf: **Francisco Gracia Lasaosa, Emili Taltavull Gimeno**

Location | Situation | Stadt: **Barcelona, España**

Inauguration | Année d'inauguration | Eröffnungsjahr: **1992**

The Café Salambó, located in the heart of Barcelona's Gràcia neighborhood, is a project that gained back an old industrial nave used as a textile warehouse. The conversion into a café-restaurant is evocative of the aesthetic of the cafés of the 1970s. The iroco wood used in the furniture, the custom design, and the use of other materials like iron, alabaster, or marble dust has allowed the decorators to create a red and brown environment with intimist lighting. The setting is perfect for conversation among friends or a quiet tête-à-tête.

Le Café Salambó, situé au cœur de l'emblématique quartier de Gràcia à Barcelone, est issu d'un projet qui cherchait à récupérer un ancien entrepôt industriel faisant office de magasin de textile, pour le transformer en café-restaurant évoquant l'esthétique des anciens cafés des années soixante-dix. En ayant recours au bois d'iroco pour le mobilier de conception exclusive et d'autres matériaux tels que le fer, l'albâtre ou la poudre de marbre, les architectes d'intérieur sont parvenus à créer une atmosphère aux couleurs marrons rougeâtres et à l'éclairage intimiste propice à la rencontre, à la conversation et à la réunion entre amis et clients du local.

Das Café Salambó, im Herz des emblematischen Viertel Gracia von Barcelona gelegen, ist ein Projekt, mit dem eine alte zur Lagerung von Textilien verwendete Fabrikhalle wiedergewonnen und in ein Café-Restaurant verwandelt werden sollte, das die Ästhetik der ehemaligen Cafés der 70er Jahre nachahmt. Durch die Verwendung von Iroco-Holz beim Mobiliar aus eigenem Design und anderen Materialien wie Eisen, Alabaster oder Marmor-Pulver schufen die Innenarchitekten eine Atmosphäre mit rötlich-braunen Farbtönen und eine intime Beleuchtung, die das Treffen, die Konversation und Gespräche der Kunden des Lokals ermöglicht.

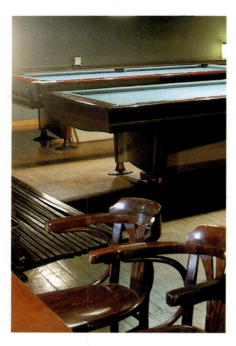

All the furniture except the chairs were custom designed.

L'ensemble du mobilier, à l'exception des chaises, est de conception exclusive.

Ausser den Stühlen ist das gesamte Mobiliar aus eigenem Design.

The sienna-colored iroco wood is one of the key elements used by the interior decorators to favor a conversational atmosphere.

La couleur marron rougeâtre du bois d'iroco est l'un des éléments clés utilisés par les architectes d'intérieur pour parvenir à une ambiance propice aux réunions entre amis.

Die braunrote Farbe des Iroco-Holzes ist eines der Schlüsselelemente, die die Innenarchitekten zur Schaffung eines Ambientes verwendeten, das die Gesprächsrunde favorisiert.

Alcazar

Project | Projet | Entwurf: **Terence Conran**

Location | Situation | Stadt: **Paris, France**

Inauguration | Année d'inauguration | Eröffnungsjahr: **1998**

Magic, daring, and cutting-edge sophistication are at the bottom of the proposal that Terence Conran, founder of Habitat, displays in his restaurants. Alcazar is the most chic not only by its French birthright but by way of such references as the omnipresent blue: another of the house trademarks.

The elegant dining room, of simple lines, mixes good taste with a dash of the audacious in the metal chairs, replicas of those found in U.S. prisons. The squirts of light, intelligently directed, give the locale its own intimate and tranquil scene, ideal for enjoying a pleasant lunch or an unforgettable dinner. The high ceilings and the two interconnecting levels increase still more the open structure. Upstairs, on the mezzanine, large plush cushions await the seeker of intimacy.

La magie, l'audace et la sophistication mise à jour sont à la base de la proposition que Terence Conran, le fondateur d'Habitat, développe dans ses restaurants. L'Alcazar est le plus chic d'entre eux non seulement pour son origine française mais encore par référence au bleu qui y plane ça et là : une autre marque internationale parmi celles que la maison diffuse. La salle à manger aux lignes sobres et élégantes mélange le bon goût à l'audace provenant des chaises métalliques, répliques de celles des prisonniers aux Etats-Unis. Ses rais de lumière, intelligemment dirigés, dotent le local d'une ambiance intime et tranquille, idéale pour prendre un agréable repas ou un dîner inoubliable. Les hauts plafonds et le fait que les deux niveaux soient communicants augmentent plus encore la diaphanéité de sa structure. À l'étage, la Mezzanine, l'intimité prend tous ses droits lorsque l'on s'installe confortablement dans les grands coussins douillets.

Die Magie, der Wagemut und die Rafinesse auf dem neuesten Stand sind die Basis des Entwurfs, die Terence Conran, Gründer von Habitat, in seinen Restaurants entfaltet. Alcazar ist das schickste, nicht nur wegen seines französischen Entstehungsortes, sondern vor allem wegen seiner Referenzen wie das überall präsentierte Blau: eine internationale Marke mehr des Hauses.

Der Speisesaal mit nüchternen und eleganten Linien vermischt den guten Geschmack mit dem Wagemut der Metallstühle, Repliken von jenen der nordamerikanischen Gefängnisse. Seine intelligent ausgerichteten Lichtstrahlen verleihen dem Lokal ein intimes und ruhiges Ambiente, ideal für ein angenehmes Mittagessen oder ein unvergessliches Abendessen. Die hohen Decken und die beiden miteinander verbunden Etagen steigern die Lichtdurchlässigkeit seiner Struktur noch mehr. In der oberen Etage, la Mezanine, findet man die Intimität in grossen und dickgefüllten Kissen.

A protective glass runs from one end of the dining room to the other to leave the kitchen visible to the clients.

Une verrière horizontale reliant les deux extrémités de la salle à manger laisse la cuisine à la vue des convives.

Ein grosses horizontales Fenster von einem Extrem des Speisesaals zum anderen lässt die Küche in Sicht der Gäste.

A refrigerator behind a horseshoe-shaped window displays the fresh fish on offer daily.

Un réfrigérateur derrière une vitre de forme circulaire exhibe le poisson frais disponible à la dégustation quotidienne.

Ein Kühltruhe zeigt hinter einer runden Glasscheibe den zum Probieren bereiten, täglich frischen Fisch.

Zoo Café

Project | Projet | Entwurf: **Xavier Molina, Oscar Ramos**

Location | Situation | Stadt: **Barcelona, España**

Inauguration | Année d'inauguration | Eröffnungsjahr: **1996**

The Zoo Café is the result of a renewal project that offers comfortable settings breaking with the hustle and bustle of Barcelona's carrer Escudellers.

This has been achieved by founders Xavier Molina and Oscar Ramos's choice of warm lighting. The tones used, along with a lighted panel with displays of photographs by Carles Roig, do the trick efficiently and simply. The Zoo Café has become a gallery space for artwork on animal themes. This has brought both bar and street window artistic views of the most varied kind, a justification of the cafés name.

Le Zoo Café a pour intention de fournir un espace confortable et agréable en rupture avec l'agitation de la rue Escudellers de Barcelone.

Pour y parvenir, Xavier Molina et Oscar Ramos, ses fondateurs, ont choisi un éclairage aux nuances chaudes. De plus, ils ont fait usage d'une vitrine lumineuse où sont exposées les œuvres photographiques de Carles Roig. Le Zoo Café est devenu un lieu d'exposition d'œuvres artistiques en relation avec le monde animalier. C'est ainsi que, tant au bar que sur les vitrines donnant sur la rue, se multiplient les manifestations artistiques aux genres les plus divers et justifiant le nom de l'endroit.

Das Zoo Café sollte sich in ein Lokal mit gemütlichem und angenehmem Ambiente verwandeln, das mit der Unruhe der Calle Escudellers von Barcelona bricht. Um dies zu erreichen wählten Xavier Molina und Oscar Ramos, die Gründer des Lokals, eine Beleuchtung mit warmen Farbtönen. Ausserdem verwendeten sie einen leuchtenden Plafond, auf dem die fotographischen Werke von Carles Roig ausgestellt werden. Das Zoo Café hat sich in einen Ort fur Ausstellungen von Kunstwerken mit tierischen Motiven verwandelt. Auf diese Weise können sich, sowohl an der Theke als auch in den Vitrinen, die zur Strasse hin gerichtet sind, künstlerische Demonstrationen finden, die den Namen des Lokals rechtfertigen.

The interior designers' aim was to make the Zoo Café a comfortable place that is not crammed with furniture and that breaks up the constant bustle on the carrer Escudellers.

L'objectif des architectes d'intérieur consistait à transformer le Zoo Café en un endroit confortable et peu chargé en rupture avec l'agitation de la rue Escudellers.

Das Ziel der Innenarchitekten war, das Zoo Café in einen gemütlichen und nicht zu sehr überladenen Ort zu machen, der mit der Unruhe der Calle Escudellers bricht.

Lighted panels display the photographs of Carles Roig.
Les photographies de Carles Roig sont exposées sur une vitrine lumineuse.
Auf leuchtenden Plafonds werden die Fotografien von Carles Roig ausgestellt.

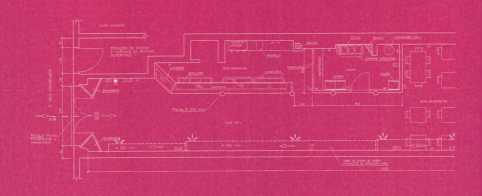

Margarita Blue

Project | Projet | Entwurf: **Xefo Guasch**

Location | Situation | Stadt: **Barcelona, España**

Inauguration | Année d'inauguration | Eröffnungsjahr: **1997**

The Margarita Blue is located in Barcelona's Ciutat Vella district and takes its name from the renowned house specialty, the Mexican cocktail, Margarita, with the added ingredient Coraçao Azul, which infuses the celestial blue color. The decor of this establishment, somewhere between restaurant, bar, and theater, has sought functional solutions without losing that bright touch of color involved in Mexican aesthetics. The furniture, resistant and economical, is by Amat; the lighting, by Santa & Cole. They are simple, effective resources, with some capricious additions such as the original stools by Agatha Ruiz de la Prada, or the lamps by Lucelino de Ingo Maurer.

Le Margarita Blue est un restaurant de la Ciutat Vella barcelonaise qui tient son nom de la fameuse spécialité de la maison : un cocktail mexicain, la Margarita, auquel on ajoute du Curaçao Bleu pour lui donner sa couleur céleste. La décoration de l'établissement, à mi-chemin entre un restaurant, un bar et un lieu de spectacle, est à la recherche de solutions fonctionnelles sans pour autant perdre la touche joyeuse et colorée de l'esthétique mexicaine. Le mobilier, résistant et économique, provenant d'Amat et l'éclairage de Santa & Cole, sont des ressources toujours efficaces, et s'intercalent ici avec quelques meubles de fantaisie telles que les tabourets originaux d'Agatha Ruiz de la Prada ou les lampes Lucelino d'Ingo Maurer.

Das Margarita Blue ist ein Restaurant der Barceloner Ciutat Vella, das seinen Namen von der anerkannten Spezialität des Hauses bekommen hat: der mexikanische Cocktail Margarita, dem ein Blauer Coraçao zugemixt wird, um ihm eine himmliche Farbe zu verleihen. Die Dekoration des Lokals - auf halbem Weg zwischen Restaurant, Bar und Veranstaltungslokal - sucht funktionale Lösungen ohne die heitere und farbige Nuance der mexikanischen Ästhetik zu verlieren. Das resistente und preiswerte Mobiliar ist von Amat und die Beleuchtung von Santa & Cole, immer effiziente Hilfsmittel, die sich mit einigen kaprizösen Möbeln wie die Priginal-Hocker von Agatha Ruiz de la Prada oder die Lampen Lucelino von Ingo Maurer.

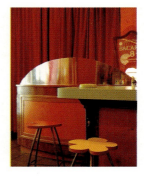

The stools in the Margarita Blue were designed by Agatha Ruiz de la Prada.

Les tabourets du Margarita Blue ont été conçus par Agatha Ruiz de la Prada.

Die Hocker des Margarita Blue sind Design von Agatha Ruiz de la Prada.

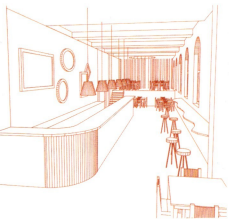

The establishment's decor is somewhere between restaurant, bar, and theater, seeking functional solutions without losing that bright Mexican color touch.

La décoration de l'établissement, à mi-chemin entre un restaurant, un bar et un lieu de spectacle, est à la recherche de solutions fonctionnelles sans pour autant perdre la touche joyeuse et colorée de l'esthétique mexicaine.

Die Dekoration des Lokals - auf halben Weg zwischen Restaurant, Bar und Veranstaltungslokal - sucht funktionale Lösungen ohne die heitere und farbige Nuance der mexikanischen Ästhetik zu verlieren.

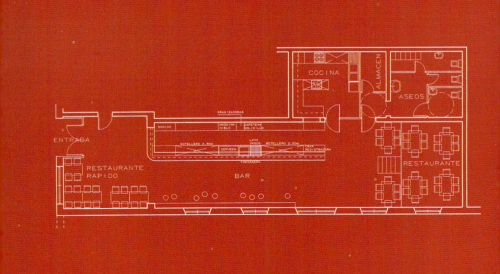

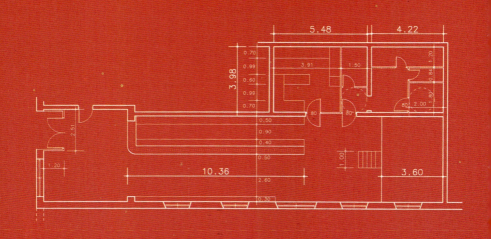

The Margarita Blue takes its name from the renowned house specialty, the Mexican cocktail, Margarita, with the added ingredient Coraçao Azul, which infuses the celestial blue color.

Le Margarita Blue tient son nom de la fameuse spécialité de la maison : un cocktail mexicain, la Margarita, auquel on ajoute du Curaçao Bleu pour lui donner sa couleur céleste.

Das Margarita Blue hat seinen Namen von der anerkannten Spezialität des Hauses bekommen: der mexikanische Cocktail Margarita, dem ein Blauer Coraçao zugemixt wird, um ihm eine himmlische Farbe zu verleihen.

Pou Dols

Project | Projet | Entwurf: **Maria Caral and Xavier Puig**

Location | Situation | Stadt: **Barcelona, España**

Inauguration | Année d'inauguration | Eröffnungsjahr: **1998**

The Pou Dols Restaurant is inside an old building whose original features were brought out in the rehabilitation project. The original framing was disproportionately emphasized, revealing the beams in the ceiling and drawing attention to the long cast-iron columns.

The lightness of Philippe Starck's chairs is in diametric opposition with the heavy rectilinear tables. The lighting, emphasizing the space comprised by each table, like an independent setting, reemphasizes the vertical with Ingo Maurer's Ya-Ya Ho lamps.

Le restaurant Pou Dols est logé dans un ancien local auquel on a voulu rendre les caractéristiques d'origine. C'est dans ce but que les éléments structurels de l'édifice ont été mis en valeur, laissant le plafond découvert et mettant l'accent sur la verticalité des colonnes en fonte.

La légèreté des chaises, conçues par Philippe Starck, contraste avec les tables rectilignes et volumineuses. L'éclairage met chaque table en valeur comme s'il s'agissait d'un espace intime et renforce le pari sur la verticalité avec la lampe originale Ya-Ya Ho d'Ingo Maurer.

Das Restaurant Pou Dols wurde in einem alten Lokal untergebracht, dem man versuchte seine Original-Charakteristiken zurückzugeben. Dafür wurden die strukturellen Teile des Gebäudses hervorgehoben, indem man die Decken unverdeckt liess und die die Vertikale der gusseisernen Säulen betonte.

Die Leichtigkeit der Stühle von Philippe Starck oponiert gegen die schwergewichtigen Tische mit gerade Linien. Die Beleuchtung, die jeden Tisch hervorhebt, als wäre er ein selbständiger Raum, unterstreicht die Vertikaledurch die Original-Lampe Ya-Ya Ho von Ingo Maurer.

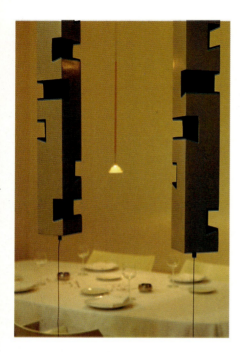

The project, by Estudio Cubs, restores the locale's original beauty, leaving its superstructure open to contemplation.

Le projet de l'Estudio Cubs a voulu conserver la beauté originale du local tout en laissant ses lignes structurelles visibles.

Das Projekt von Estudio Cubs versuchte die Schönheit des Original-Lokals wiederzugewinnen, indem es die Strukturlinien sichtbar liess.

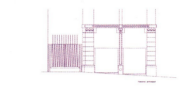

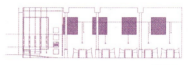

Ingo Maurer's Ya-Ya Ho lamp underlines the building's vertical plane.

La lampe Ya-Ya Ho d'Ingo Maurer met la verticalité de l'édifice en évidence.

Die Lampe Ya-Ya Ho von Ingo Maurer unterstreicht die Vertikale des Gebäudes.

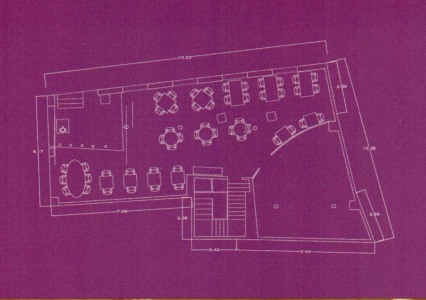

The lightness of the chairs selected contrasts with the heavy mass of the tables.

La légèreté des chaises choisies vient contrecarrer la lourdeur de volume des tables.

Die Leichtigkeit der Stühle kontrastiert die Schwergewichtigkeit der Tische.

Brasileirão

Project | Projet | Entwurf: **Paulo Lobo, Amadeo Mandolesi**

Location | Situation | Stadt: **Matosinhos, Portugal**

Inauguration | Année d'inauguration | Eröffnungsjahr: **2000**

Peek right in: the Brasileirao's glass front lets you see the two-story space beneath the spectacular oval ceiling. Inside, the tables, methodically arranged on both sides of the restaurant, reserve the central area for clients' self-service. The most emblematic thing in the Brasileirao, arguably, is the wall display of black-and-white photographs of all kinds of people. Sepia-tinted, like photograms or old newspaper cuttings, they reveal facial expressions that make the Brasileirao an intimate, welcoming space.

Laissant entrevoir son aspect depuis la rue, à travers une façade en verre, le Brasileirão exhibe ses deux étages dotés d'un spectaculaire plafond de forme ovale. Depuis l'intérieur, les tables, méthodiquement ordonnées des deux côtés de l'établissement, laissent, au centre, un espace réservé au self-service des clients. L'élément le plus emblématique du Brasileirão consiste dans les photographies noir et blanc représentant toutes sortes de personnes et ornant les panneaux placés sur les murs. Développées dans des nuances jaunâtres, comme s'il s'agissait de vieux photogrammes ou de photographies de journaux anciens, les expressions de tous ces visages parviennent à faire du Brasileirão un lieu intime et accueillant.

Das Brasileirão lässt seinen Aspekt von Aussen durch seine Glasfassade sehen und zeigt sich als ein Restaurant mit zwei Etagen und einer spektakulären ovalen Decke. In seinem Inneren sind die Tische auf der einen und der anderen Seite des Lokals methodisch geordnet, während das Zentrum für den Self-Service der Kunden reserviert ist. Das emblematischste Element des Brasileirão sind die Fotografien in schwarweiss von allen möglichen Personen, die die Paneele an der Wand dekorieren. In gelblichen Farbtönen, als handle es sich um alte Frotogramme oder Fotografien aus alten Zeitungen, verwandelt der Ausdruck dieser Gesichter das Brasileirão in ein intimes und gemütliches Ambiente.

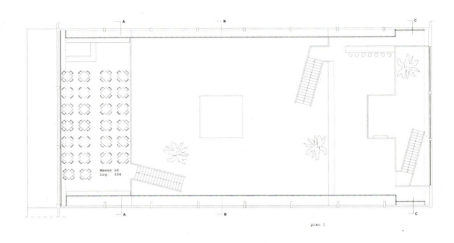

piso 1

The tables, arranged on both sides of the restaurant, reserve the central area for self-service.

Les tables, méthodiquement ordonnées des deux côtés de l'établissement, laissent, au centre, un espace réservé au self-service.

Die Tische sind auf der einen und der anderen Seite des Lokals methodisch geordnet, während das Zentrum für den Self-Service der Kunden reserviert ist.

Paper Moon

Project | Projet | Entwurf: **Dani Freixes, Varis Arquitectes S.L.**

Location | Situation | Stadt: **Madrid, España**

Inauguration | Année d'inauguration | Eröffnungsjahr: **1994**

The Paper Moon Restaurant is Dani Freixes' first project in Madrid. He has used wood in a pristine state as the basic material for the Paper Moon's decor. This option ends up making the space something like minimalist. And yet, far from being cold and bare, the walls in the restaurant have a natural beauty with an essential and clean line transmitting the moderation of wood.

The tenuous play of the lighting, with lamps strategically placed on each table, offers clients an intimacy that accentuates the reds and browns in the color scheme.

Le restaurant Paper Moon est le premier projet de Dani Freixes à Madrid. On a choisi d'utiliser du bois dans son état le plus brut comme matériel fondamental pour décorer l'établissement qui devient, de cette manière, un espace aux réminiscences minimalistes. Cependant, à des lieux de ces superficies dénudées et froides, le Paper Moon exprime sa beauté naturelle aux lignes essentielles et nettes qui transmettent toute la chaleur du bois. Le jeu des éclairages ténus, stratégiquement placés sur chaque table, dispense une certaine intimité aux clients et accentue les couleurs marrons et rougeâtres du lieu.

Das Restaurant Paper Moon ist das erste Projekt von Dani Freixes in Madrid. Man entschied sich dafür, Holz in seinem purestén Zustand als fundamentales Material für die Dekoration für das Lokal zu verwenden, das sich auf diese Weise in einen fast minimalistischen Ort verwandelt. Allerdings weit weg von nackten und kalten Oberflächen zeigt das Paper Moon seine natürliche Schönheit mit essentiellen und sauberen Linien, die die wärme des Holzes vermitteln.

Das Spiel sanfter Lichter, die strategisch auf jedem Tisch situiert sind, bieten den Kunden Intimität und helfen die Fraben Braun und Rot zu akzentuieren.

The careful lighting in the Paper Moon underlines the establishment's moderate qualities.

L'éclairage soigné du Paper Moon accentue la sensation de chaleur diffusée par l'établissement.

Die gepflegte Beleuchtung des Paper Moon akzentuiert das Gefühl der Wärme, die das Lokal vermittelt.

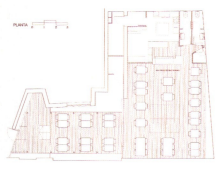

With the use of wood for the Paper Moon's decor, Dani Freixes proves that minimalism doesn't hate warmth.

En faisant usage du bois pour le Paper Moon, Dani Freixes démontre que le minimalisme n'est pas incompatible avec une atmosphère chaleureuse.

Mit der Nutzung des Holzes für das Paper Moon beweist Dani Freixes, das der Minimalismus kein Feind des warmen Ambientes ist.

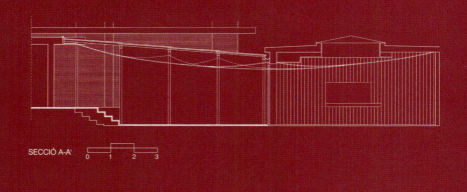

SECCIÓ A-A' 0 1 2 3

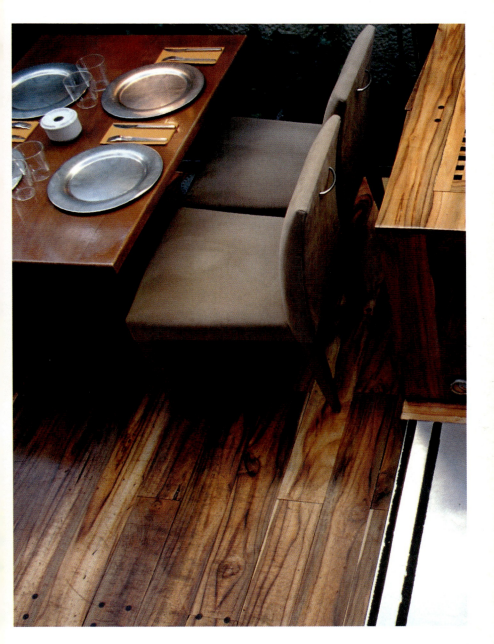

The kitchen is open to diners' inspection.
La cuisine a délibérément été laissée à la vue des convives.
Man hat sich dafür entschieden, die Küche sichtbar für die Kunden zu situieren.

Mandalay Café

Project | Projet | Entwurf: **Clementina Lizcano**

Location | Situation | Stadt: **Barcelona, España**

Inauguration | Année d'inauguration | Eröffnungsjahr: **1999**

Theater lovers will not want to miss this stage. It is a restaurant, yes, but it is arranged in a way that develops the arguments of comedy, tragedy, dream fables... A rich decor has been moved into what used to be an old storage space for Asian furniture. The careful refurbishment involves a single floor and attic, the latter used for storage, totaling 380 square meters of restaurant. The cuisine includes exotic delights from China, India, and Japan and is not the typical fusion. This is analogously reflected in the color scheme, which adapts the balance of Feng Shui. The large space and its ornamentation are the dramatis personae, hence the reduced number of tables, and a bed.

Les amateurs de théâtre ne se lassent pas de monter sur cette scène qui, si elle fait office de restaurant, pourrait aussi bien servir de cadre au scénario d'une comédie, d'une tragédie ou d'une fable onirique.

Une décoration riche en formes occupe l'espace qui auparavant abritait un vieil entrepôt de meubles asiatiques, faisant ici preuve d'une récupération réussie. Un étage unique et des combles faisant office de magasin couvrent les 320 m² d'un restaurant qui mise sur les gastronomies exotiques en provenance de l'Inde, de la Chine et du Japon, fuyant l'habituelle fusion des genres. Cette ligne directrice se reflète également dans la palette des couleurs, issue de l'équilibre feng-shui. Le vaste espace et la décoration en sont les premiers protagonistes ; s'ensuit la répartition d'un nombre limité de tables et un lit.

Die Liebhaber des Theaters dürfen es nicht versäumen, dieses Szenarium zu besuchen, das als Lokal der Restauration dient, aber durchaus der Rahmen sein könnte, in dem Komödien, Tragödien oder traumhafte Fabeln aufgeführt werden. Eine an Formen reiche Dekoration nimmt heute das ein, was früher einem alten Lager für asiatische Möbel Raum gab. Letztere wurden übrigens in treffender Weise wieder zurückgewonnen. Eine einzige Etage und ein Dachgeschoss, das als Lager fungiert, machen die Gesamtfläche von 380m² des Restaurantes aus, das auf die exotische Gastronomie von Indien, China und Japan setzt. Das man dabei die typische Vermischung absolut vermeidet, reflektiert sich nicht zuletzt auch in der Farbpalette, die Frucht des Gleichgewichts feng-shui ist. Der grosse Raum und seine Dekoration sind die Protagonisten. Aus diesem Grund hat man möglicherweise nur wenige Tische aufgestellt, und ein Bett.

No purges allowed: the mise-en-scène is multi-ethnic, emphasizing delights from China, India, and Japan.

Les concepts épurés n'ont pas place sur cette scène où des accessoires multi-éthniques, principalement originaires de la Chine et de l'Inde, surprennent le convive.

Die nüchternen Konzepte haben keinen Platz in diesem Szenarium, in dem ein multi-ethnisches atrezzo aus China und Indien besonders den Gast überrascht.

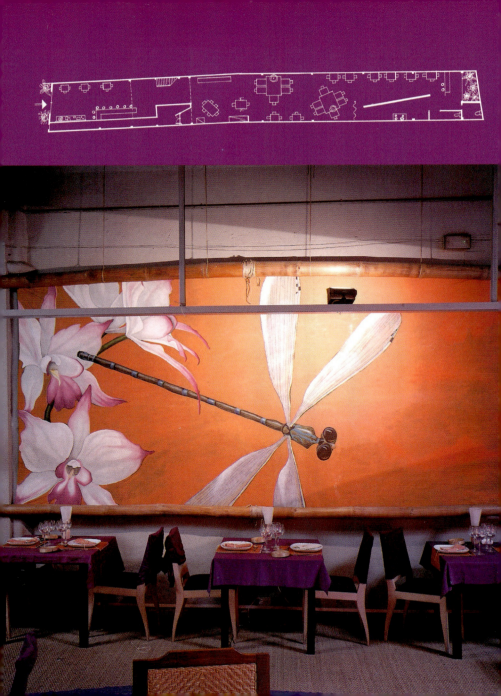

Wagamama

Project | Projet | Entwurf: **David Chipperfield Architects**

Location | Situation | Stadt: **London, United Kingdom**

Inauguration | Année d'inauguration | Eröffnungsjahr: **1996**

The Wagamama is a Japanese restaurant in London's Soho. It is a two-story place with the dining room in the basement and the kitchen on the ground floor.

Three steps lead into the ground-floor entrance, slightly above grade. Inside, a long hall leads to the tables. From here, the kitchen is visible. At the opposite end of the hall, an etched glass screen separates diners from the duplex street space. In the basement, the long wooden tables and benches are arranged perpendicular to the hall and the duplex space. An anodyzed aluminum dumbwaiter system returns plates to the kitchen from the basement, where they are served to the tables.

Le Wagamama est un restaurant japonais à deux étages du Soho londonien. La salle à manger est située au sous-sol et la cuisine au rez-de-chaussée. Trois marches permettent d'accéder au niveau du rez-de-chaussée, légèrement supérieur à celui de la rue. Une fois à l'intérieur, un long corridor mène jusqu'aux tables. Depuis ce dernier on peut apercevoir la cuisine. À l'autre bout du couloir un paravent en verre traité à l'acide sépare les convives du double espace et de la rue. Au sous-sol, les tables et tabourets en bois allongés sont disposés perpendiculairement au couloir d'accès et au double espace. Un système de monte-plats en aluminium anodisé se charge du transport des plats de la cuisine jusqu'au rez-de-chaussée où ils seront servis sur les tables.

Das Wagamama ist eine japanisches Restaurant mit zwei Stockwerken im Londoner Viertel Soho. Der Speisesaal befindet sich im Souterrain, während die Küche im Erdgeschoss situiert ist. Drei Treppenstufen dienen als Zugang zum Erdgeschoss, das etwas über der Strasse liegt. Ist man erstmal drinnen, führt ein langer Korridor zu den Tischen. Von hier aus kann man die Küche sehen. Am anderen Ende des Flures befindet sich ein Schirm aus mit Säure behandeltem Glas, der die Gäste von dem doppelten Raum und der Strasse trennt. Im Souterrain sind die Tische und gestreckten Hocker aus Holz senkrecht zum Zugangsflur und dem doppelten Raum angeordnet. Das Speiseaufzugsystem aus elektrisch veredeltem Aluminium transportiert die Gerichte von der Küche in das Souterrain, wo sie an den Tischen serviert werden.

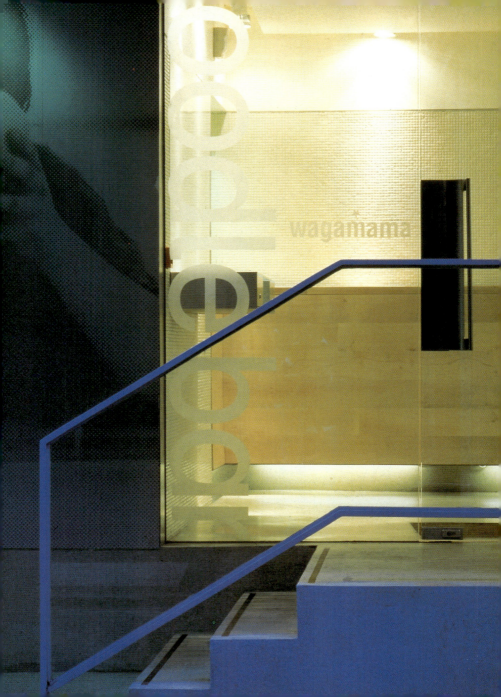

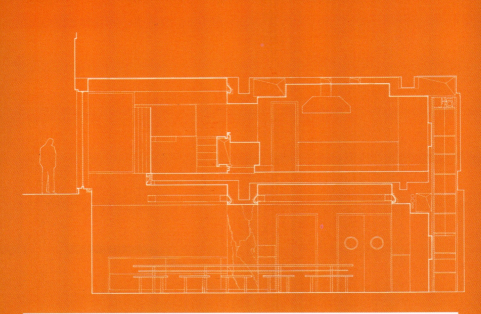

Transverse section (above); basement plan (below).
Section transversale (en haut) et plan du rez-de-chaussée (en bas).
Querschnitt (oben) und Plan des Erdgeschosses (unten).

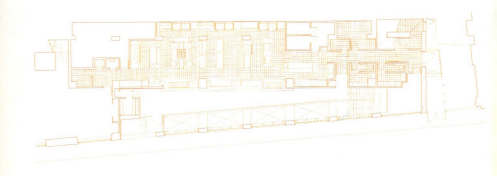

The materials used in the Wagamama contribute to the creation of a plain, even cold image. The terrazo in the rises, the main staircase, and the flooring is gray. The walls are finished in white tiles, except in the basement, where oak panels are warmer. The ceiling joists are covered with white plaster, with incorporated lighting.

Les matériaux utilisés contribuent à créer une image de sobriété, voire de froideur. Le revêtement gris est appliqué sur les marches, l'escalier principal et les sols du rez-de-chaussée et du sous-sol. Les faïences blanches ornent les murs, hormis celui du sous-sol, revêtu de bois de chêne. Le plafond est projeté sur une maille de poutres recouvertes de plâtre blanc et incorporant les luminaires.

Die verwendeten Materialien tragen dazu bei, ein nüchternes und sogar kaltes Ambiente zu kreieren. Der graue Terrazo der Treppenstufen, die Haupttreppe und der Fussbodenbelag des Erdgeschosses und des Souterrains. Die weissgekachelten Wände ausser die Wand im Souterrain, das mit Eichenholz verkleidet wurde. Die Decken sind mit Streben versehen, die mit weissem Gips bedeckt wurden und die Beleuchtung enthalten.

Soho Spice

Project | Projet | Entwurf: **Fitch**

Location | Situation | Stadt: **London, United Kingdom**

Inauguration | Année d'inauguration | Eröffnungsjahr: **1997**

The Soho Spice is notable for its unique gastronomic fusion of East and West. Fitch's architecture finds an incipit in the Indian subcontinent, transferring strident colors reminiscent of the intense flavors and penetrating aromas of the typical spices.

Inside, walls and upholstery are in vivid colors, contrasting with the wood of the flooring and the tables. The display windows seen from outside offer spice bottles brought to England by Livingstone.

Le Soho Spice se caractérise par une fusion gastronomique originale entre les traditions orientale et occidentale. La proposition architecturale de Fitch pour le local prend pour point de départ l'esthétique propre du sous-continent indien pour la traduire dans des couleurs vives rappelant les saveurs intenses et les arômes pénétrants des épices.

À l'intérieur, les murs et le tissu des chaises aux couleurs vibrantes contrastent avec le bois utilisé pour le sol et les tables. À l'extérieur, des étagères en verre dans les vitrines exposent des vases contenant les épices rapportées en Angleterre de la main même de Livingstone.

Das Soho Spice wird durch die originelle Fusion von orientalischen und westlichen Traditionen charakterisiert. Der architektonische Vorschlag von Fitch für das Lokal nimmt als Ausgangspunkt die für den Subkontinient Indien charakersitsiche Ästhetik, um sie in schrille Farben und den penetranten Aromen der gewürze zu übersezten.

Im Inneren kontrastieren die Wände und der Bezug der Stühle aus vibrierenden Farben mit dem Holz des Fussbodenbelages und der Tische. Aussen stellen Glasvitrinen Krüge mit Gewürzen aus, die von Livingstone nach England gebracht wurden.

Fitch uses a concept midway between interior decoration and graphic design.

Fitch mise sur une proposition à mi-chemin entre la décoration d'intérieur et le design graphique.

Fitch setzt auf einen Entwurf, der aus einer Mischung von Innendekoration und Grafikdesign besteht.

Walls and upholstery are in vivid colors, contrasting with the wood of the flooring and the tables.

Les murs et le tissu des chaises aux couleurs vibrantes contrastent avec le bois utilisé pour le sol et les tables.

Die Wände und der Bezug der Stühle aus vibrierenden Farben kontrastieren mit dem Holz des Fussbodenbelages und der Tische.

The use of exotic colors is an obvious allusion to the Indian subcontinent.

L'utilisation des couleurs exotiques constitue une allusion évidente au sous-continent indien.

Die Verwendung von exotischen Farben bildet eine klare Anspielung auf den indischen Subkontinent.

Located in London's Soho district, the Soho Spice is a cosmopolitan place mainly frequented by creative professionals and young artists.

Situé dans le quartier londonien de Soho, le Soho Spice est un lieu cosmopolite fréquenté principalement par des professionnels de la création et de jeunes artistes.

Im Londoner Viertel Soho situiert ist das Soho Spice ein kosmopolitisches Lokal, das hauptsächlich von kreativen Freiberuflern und jungen Künstlern aufgesucht wird.

220 Post

Project | Projet | Entwurf: **Jeffrey Beers Architects**

Location | Situation | Stadt: **San Francisco, California, U.S.A.**

Inauguration | Année d'inauguration | Eröffnungsjahr: **1997**

A small (90 square meters) area on the fifth floor of Saks Fifth Avenue's large stores in San Francisco is a restaurant. Faithful to the neighboring boutiques, 220 Post combines a cold aesthetic with sophistication.

The space succeeds by its innovative design, from the 15 video screens on the barroom wall to the zebra skin upholstery of the dining room sofas. The side chairs have their seats and their rounded backs in white leather. The tables, arranged in three parallel rows, are between two counters: on one side, the bar, on the other, the open kitchen, where the dishes are prepared. Elegant looking marble is used in the kitchen counter, the oval table tops, and even in the flagstones of the white sections of floor.

Un petit restaurant de 90 m² occupe le cinquième étage des grands entrepôts Saks Fifth Avenue, à San Francisco. Fidèle aux boutiques voisines, le 220 Post parvient à combiner la sophistication avec une statique froide.

L'espace s'alimente de design innovateur, depuis les quinze écrans vidéo incrustés dans les murs du bar jusqu'aux canapés en tissus de peau de zèbre qui encadrent la salle à manger. Les chaises sont dotées d'assises et de dossiers revêtus de peaux blanches. Les tables disposées en trois rangées parallèles sont placées entre deux comptoirs : d'un côté le bar et de l'autre la cuisine ouverte où sont préparés les plats. L'élégance émane du marbre qui a été employé pour recouvrir le comptoir de la cuisine, les plateaux ovales des tables et même les trames au sol.

Ein kleines Restaurant von 90m² nimmt die fünfte Etage des grossen Kaufhauses Saks Fifth Avenue in San Francisco. Den benachbarten Boutiquen treu bleibend, schafft es das 220 Post die Raffinesse mit einer kalten Ästhetik zu verbinden. Von den fünfzehn in die Wand der Bar eingelassenen Videobildschirmen bis zu den Sofas mit Zebra-Bezug, die den Speisesaal markieren - der Raum ernährt sich von einem innovativen Design. Die Stühle präsentieren Sitze und Rückenlehnen aus weissem Leder. Die in drei Reihen angeordneten Tische sind zwischen zwei Schaufenstern situiert: auf der einen Seite die Theke der Bar und auf der anderen Seite die offene Küche, in der die Gerichte zubereitet werden. Der elegante Aspekt des Mamors wird in der Küche und bei den ovalen Tischen und sogar in den weissen Teilen des Fussbodenbelages verwendet.

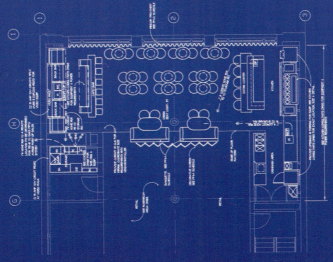

The kitchen is open style. The counter in front of the grill lets customers eat facing the cooks. Those who prefer the bar have the advantage of TV images, always striking, projected on the monitors.

La cuisine est ouverte sur la salle à manger. Le bar du comptoir permet de manger face aux cuisiniers.
Ceux qui préféreront le bar pourront assister au spectacle des images, toujours percutantes, émises par les moniteurs.

Die Küche ist zum Speisesaal hin offen. Die an der Küche verwendete Theke erlaubt es dem Gast, mit Blick auf die Köche zu essen. Diejenigen, die die Bar vorziehen, können die immer beeindruckenden Bilder geniessen, auf den Bildschirmen projeziert werden.

Agua

Project | Projet | Entwurf: **Sandra Tarruella Esteva, Isabel López Vilalta**

Location | Situation | Stadt: **Barcelona, España**

Inauguration | Année d'inauguration | Eröffnungsjahr: **1991**

The idea of the new urban refreshment stand atop the Agua Restaurant, at the head of the Olympic Village beach, is an homage to the old stands, the *chiringuitos* that used to line the beach in the Barceloneta district.

The large cube at street-level on Barcelona's maritime esplanade serves as the entrance to the restaurant's foyer. The restaurant itself is at the bottom of the stairs. The terrace is on the beach. The sand-sea-sun trinomial provides the environment: the polished cement flooring is sand-colored, the walls blue and yellow, recreating sea and sun. An ethnic atmosphere is reflected in the furniture, also part of the colonial style. The cones hanging from the ceiling and the original mollusk-lamb by Martín Renes that stands out on the wall provide ambient lighting.

L'idée de ce nouveau "chiringuito" urbain plane sur le restaurant Agua, situé en début de plage dans la Villa Olímpica de Barcelone, tout un hommage à ces établissements qui ont disparu des plages de la Barceloneta.

Au niveau de la rue, un grand cube situé sur la promenade maritime sert d'entrée au vestibule et à l'escalier qui conduit au niveau inférieur où se trouve le restaurant. La terrasse se fond à la plage. Le trinôme sable-mer-soleil est omniprésent : le sol de ciment raffiné rappelle la couleur du sable, les murs bleus et jaunes réinventent la mer et le soleil. Le mobilier dégage une atmosphère ethnique, tout en empruntant au style colonial. Les cones suspendus au plafond et la lampe-molusque originale de Martín Renes qui se profile sur les murs donne à l'éclairage un aspect naturel.

Die Idee der neuen urbanen Strandbar schwebt über dem Restaurant Agua, das sich am Fuss des Strandes der Villa Olímpica in Barcelona befindet und eine Huldigung jener vom Strand verschwundenen Strandkneipen der Barceloneta bildet. In Höhe der Strasse dient ein grosser Würfel auf dem Paseo Marítimo als Eingang zum Vestibül und zur Treppe, die in die untere Etage ins Restaurant führt. Die Terrasse befindet sich direkt am Strand. Hier dreht sich alles um das Trinom Sand-Meer-Sonne: der Fussbodenbelag aus poliertem Zement gibt die Farbe des Sandes; die blauen und gelben Wände ahmen das Meer und die Sonne nach. Eine ethnische Atmosphäre wird im Mobiliar reflektiert, das teilweise im kolonialen Stil gehalten ist. Die Kegel an der decke und die Original-Lampe-Moluske von Martin Renes, die sich an der Wand abzeichnet, verleihen eine Beleuchtung mit Ambiente.

A warmth in regard to the ethnic, recently awakened, solves areas reflecting the restaurant's quietude. The colonial furniture by India & Pacific awaits the restaurant's guests.

Une chaleur ethnique, comme venue de la savane, inonde les espaces, produisant une atmosphère de quiétude. Le mobilier au style colonial d'Inde et du Pacifique invite le client à patienter.

Eine ethnische Wärme fast aus der Savanne löst Bereiche, die die Ruhe der Atmosphäre aufnehmen. Das koloniale Mobiliar von Inden & Pazifik laden zum Warten ein.

The staircase was built on the decorating team's original design. It is made of iron painted in blue with teak treads. The dining room tables are in iroco wood with tops of stone. The polished cement flooring includes textured decorative cement with rounded pebbles embedded into the surface.

L'escalier a été spécialement conçu par l'équipe d'architectes d'intérieur : il est constitué d'une structure de fer peint en bleu et de marches en teck. Les tables de la salle à manger sont réalisées en bois d'iroco avec des plateaux en pierre. Le sol, en ciment poli, est parsemé de quelques galets épars.

Die Treppe ist ein Entwurf des Teams der innenarchitekten: sie ist aus einer Struktur aus blau bemaltem Eisen und Teka-Stufen realisiert. Die Tische des Speisesaals sind aus Iroco-Holz mit einer Steinplatte gefertigt. Der Fussbodenbelag aus poliertem Zement wird von einem abgerundeten Rand eingesäumt.

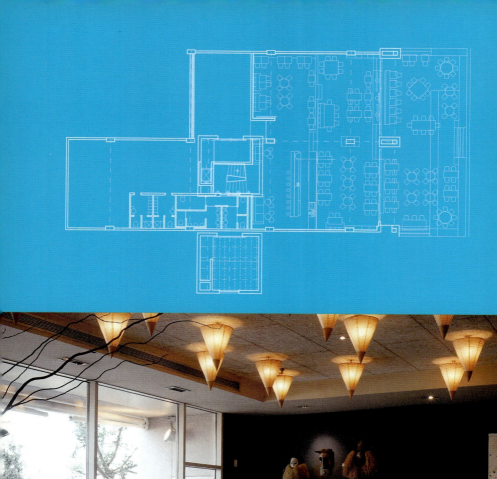

Magasin Joseph

Project | Projet | Entwurf: **Christian Biecher**

Location | Situation | Stadt: **Paris, France**

Inauguration | Année d'inauguration | Eröffnungsjahr: **2000**

Magasin Joseph comprises a ground floor, where the restaurant is located, and a first floor, which contains the boutique. Los architects planned a space that would serve both the sale of the Joseph prêt-à-porter collection and a food service. Both of these elegant services were conceived as signifying the famous firm's philosophy and vision of the world: Magasin Joseph is thus a polyvalent space permitting professional development and an ambient promoting communication, the interchange of ideas, and leisure. The design chosen uses sensual tones in the walls and easily modified colors such as grays and khakis. The tables, of white Corian, and the Poltrona Frau chairs in beige leather, reinforce the desire to bring into being a superior quality fast-food restaurant integrated in a high-fashion complex.

Le Magasin Joseph est constitué d'un rez-de-chaussée où se trouve le restaurant et d'un premier étage occupé par une boutique. Les architectes ont instauré un établissement aussi approprié à la fois à la vente de la collection de prêt-à-porter Joseph qu'au service de repas. Tout comme pour la boutique, le restaurant devait exprimer la philosophie et la vision du monde de la griffe : un espace polyvalent tout à la fois propice au développement professionnel et à la création d'une ambiance de communication, d'échange et de plaisir. C'est pourquoi des tons sensuels et des couleurs facilement modifiables telles que les gris et les kakis ont été appliqués sur les murs. Les tables de corian blanc et les chaises Poltrona Frau, revêtues de cuir beige, viennent renforcer la volonté de conception d'un restaurant de nourriture rapide et de qualité excellente, intégré à un complexe dédié à la haute couture.

Das Magasin Joseph besteht aus einem Erdgeschoss, wo sich das Restaurant befindet, und einer ersten Etage, wo sich eine Boutique erstreckt. Die Architekten entwarfen ein Lokal, das sich zum Verkauf der Kollektion colección prêt-à-porter Joseph und gleichzeitig zum Servieren von Essen eignete. Ähnlich wie in der Boutique, sollte auch das Restaurant die Philosophie und die Vision von der Welt des Unternehmens vermitteln: ein Polyvalenter Raum, der sowohl die profesionelle Entfaltung erlaubt als auch ein geeignetes Ambiente für die Kommunikation, den Austausch und den Genuss darstellt. Dafür verwendete man sinnliche Töne an den Wänden und in den leicht modifizierbaren Farben wie Grautöne und Khaki. Die Tische aus weissem Corián und die mit beigem Leder überzogenen Stühle Poltrona Frau bestärken den Willen, eine Restaurant für Fast-Food mit exzellenter Qualität zu schaffen, das in einem Komplex der Haute Couture integriert ist.

The tables, of white Corian, and the Poltrona Frau chairs in beige leather, reinforce the desire to bring into being a superior quality fast-food restaurant integrated in a high-fashion complex.

Les tables de corian blanc et les chaises Poltrona Frau, revêtues de cuir beige, viennent renforcer la volonté de conception d'un restaurant de nourriture rapide et de qualité excellente, intégré à un complexe dédié à la haute couture.

Die Tische aus weissem Corián und die mit beigem Leder überzogenen Stühle Poltrona Frau bestärken den Willen, eine Restaurant für Fast-Food mit exzellenter Qualität zu schaffen, das in einem Komplex der Haute Couture integriert ist.

The open kitchen provides guests with a view of the kitchen furniture, made of Lebanon cedar and stainless steel

Le meuble de cuisine visible, réalisé en acier inoxydable et en bois de cèdre du Liban, permet aux clients d'être spectateurs de la préparation des plats.

Das sichtbare Küchenmöbel aus rostfreiem Edelstahl und libanesischem Edelstahl verwandelt die Kunden in Zuschauer bei der Zubereitung der Gerichte.

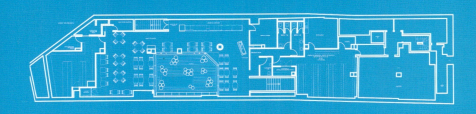
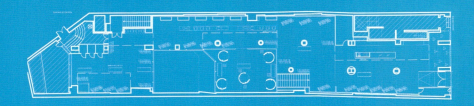

Euronet

Project | Projet | Entwurf: **Alfredo Arribas Architects Asociados; Peret** (graphic / graphisme / Werbegraphik)

Location | Situation | Stadt: **Frankfurt, Deutschland**

Inauguration | Année d'inauguration | Eröffnungsjahr: **1997**

The idea of the amphitheater reigns in the conception of this restaurant, Euronet. It is in the basement of an office building dating from the 1970s, Eurotower. Different grades succeed each other from the subterranean level up to the gardens of Willy Brandt Square, in view of the Eurotower.

To differentiate the tower, a steel-and-glass cladding was used which, of course, has the added advantage of taking advantage of the natural light. It also contributes to the use of the glass panels that serve the double purpose of partitioning each gastronomic area according to provenance (Mediterranean, German, Japanese…), permits the client to observe its preparation. The global concept of all of these elegant areas, intelligently differentiated areas by Peret's graphic design and sign making, transmits the image of a one hundred percent cosmopolitan setting.

L'idée d'amphithéâtre règne sur le concept du restaurant Euronet, situé au sous-sol d'un immeuble de bureaux des années soixante, l'Eurotower. Différents degrés s'enchaînent depuis le sous-sol jusqu'aux jardins de la place Willy Brandt sur laquelle l'édifice a vue.

Pour se démarquer de la tour, une structure d'acier et de verre ressortant de la façade de l'Eurotower lui a été appliquée. Il est ainsi possible de profiter pleinement de la lumière naturelle. Ce à quoi contribue également l'utilisation de paravents en verre qui, de même qu'ils servent à séparer les zones de cuisson de chaque variante gastronomique (méditerranéenne, ethnique, japonaise…), permettent au client d'en observer la préparation. Le concept global de dissection des différentes zones, délimitées par les travaux de graphisme et de typographie de Peret, donne l'image d'une atmosphère cent pour cent cosmopolite.

Die Idee des Amphitheaters regiert das Konzept des Restaurants Euronet, das in dem Souterrain des Eurotower, einem Bürogebäude aus den Sechziger Jahren untergebracht ist. Verschieden Ränge erheben sich vom Souterrain bis hin zu den Gärten des Willy-Brandt-Plates, auf den man von dem Gebäude aus schaut. Um es vom Turm zu unterscheiden, wurde eine Struktur aus Stahl und Glas angewendet, die die Fassade des Eurotower überragt. Auf diese Weise kann das natürliche Licht ausgenutzt werden. Die Verwendung von Glasschirmen dient zur Trennung der verschiedenen Küchenzonen und für jede Gastronomie-Variante (mediterran, ethnisch, japanisch….) und erlaubt den Kunden bei der Zubereitung der Gerichte zuzuschauen. Das globale Konzept aller zergliederten Bereiche, die durch die Werbegraphik und Beschriftung von Peret unterschieden werden, vermittelt einen huntertprozentige kosmopolitisches Atmosphäre.

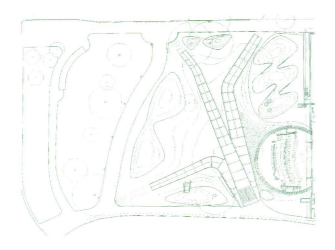

Different sections with tables are set up from the basement to the street-level gardens in Willy Brandt Square. The bar is on the top level.

Différentes sections de tables sont distribuées depuis le sous-sol jusqu'au niveau des jardins de la place Willy Brandt. Dans la partie la plus élevée se situe le bar.

Verschiedene Sektionen mit Tischen verteilen sich vom Souterrain aus bis hin zum Niveau der Gärten des Willi-Brandt-Platzes. Im höchsten Teil ist die Bar untergebracht.

The furniture is arranged to reflect the plural nature of the space. Even the sign reading COME, on the panel flanking the stairs is an intentional aesthetic game.

La distribution du mobilier répond au caractère pluraliste de l'espace. L'inscription Come, dans les escaliers conduisant au bar, constitue elle-même un jeu esthétique intentionnel.

Die Verteilung des Mobiliars entsricht dem pluralistischen Charakter des Raumes. Selbst die Inschrift Come in den Treppen, die zur Bar hinaufführen ist ein beabsichtigtes ästhetisches Spiel.

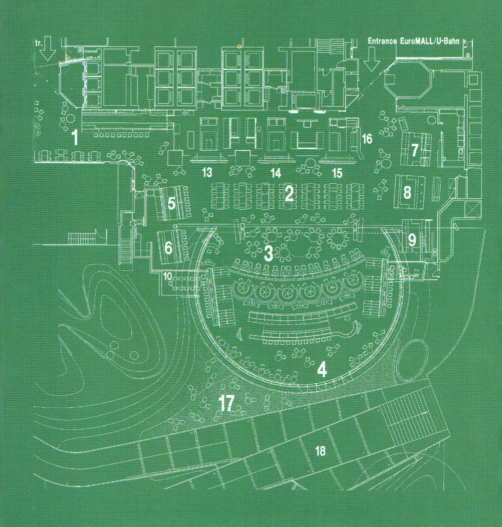

The lighting and the use of glass in the panels that identify each gastronomic offering serve to visually extend the total (already generous) space.

L'éclairage et l'utilisation du verre sur les panneaux qui indiquent chaque menu gastronomique élargissent visuellement l'espace total de la généreuse gamme de plats.

Die Beleuchtung und die Verwendung von Glas-Paneelen, die jedes gastronomische Angebot identifizieren erweitern sichtbar die gesamten Räumlichkeiten des grosszügig ausgelegten Restaurants.

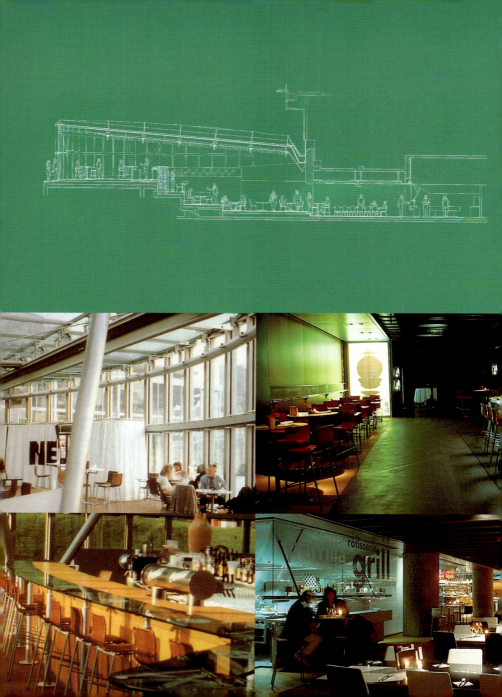

Pla dels Àngels

Project | Projet | Entwurf: **Santiago Alegre**

Location | Situation | Stadt: **Barcelona, España**

Inauguration | Année d'inauguration | Eröffnungsjahr: **1999**

Pla dels Àngels is a cafeteria-restaurant in the centrally located and cosmopolitan premises of the Convent dels Àngels. The cafeteria is right at the entrance and accesses the first-floor dining room, which has two magnificent large windows looking onto the interior garden. In addition to the beautiful choreography brought into being by the color of the walls, a tree visible from the table in the center draws the eye. Into this curious landscape are projected a series of letters bearing the unmistakable stamp of the Catalan artist Joan Brossa: "Other names that this establishment could have had," reads one. The Pla dels Àngels in summer displays its scenography on a small outdoor terrace looking onto the esplanade of the Museo de Arte Contemporáneo de Barcelona (MACBA).

Le Pla dels Àngels est une cafétéria-restaurant logée dans les dépendances centrales et cosmopolitaines du Convent dels Àngels. Dans l'entrée se trouve la cafétéria, depuis laquelle on peut accéder à la salle à manger du premier étage qui dispose de deux magnifiques baies vitrées avec vue sur le jardin intérieur. En plus de la belle chorégraphie que forment les couleurs des murs, on remarque un arbre, planté au milieu de la table centrale. Sur ce curieux paysage sont projetées les paroles bien propres à l'humour caractéristique de l'artiste catalan Joan Brossa. "Autres nom qu'aurait pu avoir cet établissement". En été, le Pla dels Àngels déploie sa scénographie et ouvre une formidable petite terrasse sur l'esplanade du Musée d'Art Contemporain de Barcelone (MACBA).

Das Pla dels Àngels ist eine Cafeteria-Restaurant, das in den zentralen und kosmopolitischen Gebäuden des Convent dels Àngels situiert ist. Am Eingang befindet sich die Cafeteria, von wo aus man den Speisesaal der Hauptetage erreichen kann, der über wunderschöne Fenster mit Blick auf den Innenhofgarten verfügt. Von der herrlichen Choreographie der Farben der Wände abgesehen, sticht vor allem der mitten im zentralen Tisch gepflanzte Baum hervor. über diese kuriose Landschaft wird ein für den Humor des katalanischen Künstlers Joan Brossa charakteristischer Satz projeziert: "Andere Namen die dieses Lokal hätte haben können." Im Sommer entfaltet das Pla dels Àngels seine Choreographie auf einer herrlichen Terrasse auf dem Esplanade des Museums für zeitgenössische Kunst von Barcelona (MACBA).

Pla dels Àngels is on the calle Ferlandina in Barcelona, which has taken on a new look in recent years thanks to the art galleries and fashion shops.

Le Pla dels Àngels se trouve dans la rue Ferlandina de Barcelone, envahie ces dernières années par les galeries d'art et établissements de mode.

Das Pla dels Àngels ist in der Calle Ferlandina in Barcelona situiert und wurde in den letzten Jahren von Galeristen und Modegeschäften wiedergewonnen.

The back wall of the main dining room has windows offering views of an interior garden.

Au fond de la salle à manger principale, deux baies vitrées offrent au client une vue sur le jardin intérieur.

Im Hintergrund des Hauptspeisesaals wird dem Kunden die Vision eines Innenhofgartens geboten.

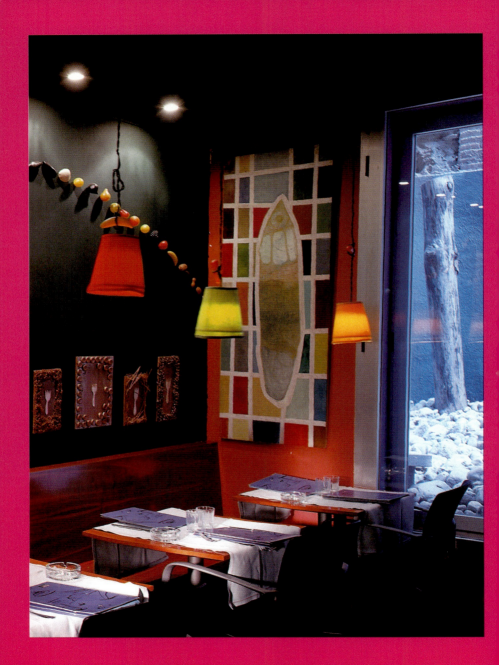

Grille 5115

Project | Projet | Entwurf: **Jeffrey Beers Architecture & Design**

Location | Situation | Stadt: **Houston, Texas, U.S.A**

Inauguration | Année d'inauguration | Eröffnungsjahr: **1997**

This restaurant, on the second floor of the Houston Gallería, provides a splendid stage set with a luxurious decor.

The harmony between the gray-and-white floor tiles and the ochre stucco ceiling resolves into a warm ambience with traces of Art Deco style. The lighting shoots long rays across the ceiling and includes recessed indirect sources. The resin lamps attached to the tubular metal frame thus become one of the locale's most attractive features. In one wing of the 500-sqare-meter space occupied by Grille 5115, is a barroom whose bar swings around in a gracious all-encompassing curve. This is in fact the continuation of the kitchen counter, an open marble and stainless steel expanse.

La vision de ce restaurant, situé au second étage du Houston Galleria, dénote d'un cadre exquis dont la luxueuse décoration crée l'ambiance.

L'harmonie des carreaux blancs et gris avec le plafond en plâtre impose une ambiance chaleureuse dotée d'une certaine empreinte Art déco. L'éclairage est à noter : des fentes longitudinales cisaillent le plafond et logent une ligne de néon comme source de lumière indirecte. Les lampes en résine fixées au fer forgé par un tube doré constituent l'un des éléments du lieu qui attirent l'attention. Dans une aile des 500 m² qu'occupe Grille 5115 se trouve le bar, dont le comptoir dessine une courbe qui enveloppe cette zone. Il n'est en fait que la continuation du comptoir de la cuisine, ouvert et composé de superficies en marbre et en acier inoxydable.

Die Vision von diesem Restaurant in der zweiten Etage der Houston Galleria deutet auf ein exquisites Szenarium hin, das mit einer luxuriösen Dekoration ausgestattet ist. Die Harmonie der weissen und grauen Kacheln mit der weissen Gipsdecke kreiert eine warme Atmosphäre mit gewissen Spuren von. Was hervorsticht, ist die Beleutung: einige Längsspalte wurden in der Decke ausgeschnitten und darin wurden Leuchtstofröhren als indirekte Lichtquellen installiert. Die Harzlampen die an einem goldenen Rohr an der Decke befestigt sind, gehören zu den herausragendsten Elementen des Lokals. In einem Flügel von 500m², die das Grille 5115 beherbergen, befindet sich die Bar, deren Theke eine kurvige Kontur in diesem Bereich zeichnet. Es ist nicht mehr als die Fortsetzung der offenen Küchentheke mit Obreflächen aus Marmor und rostfreiem Stahl.

At the far end of the room, an elegant drapery panel with metal uprights underlines the restaurant's elegance. The chairs and the sofas are upholstered in leather.

Au bout de la salle, des rideaux fixés sur des montants métalliques soulignent l'élégance du restaurant. Les chaises et les bancs sont recouverts de peaux.

Am Ende des Saales unterstreichen einige Vorhänge, die von Metall-Leisten gehalten werden, die Eleganz des Restaurants. Die Stühle und Bänke sind aus Leder.

One Happy Cloud

Project | Projet | Entwurf: **Marten Claesson, Eero Koivisto, Ola Rune. Graphics: Nill Svensson**

Location | Situation | Stadt: **Stockholn, Sverige**

Inauguration | Année d'inauguration | Eröffnungsjahr: **1997**

The plain, unadorned image portrayed in One Happy Cloud Restaurant is authentically elegant. The offering of Japanese cuisine blends the Scandinavian and Japanese cultures in both aesthetic and gastronomic terms, always offering allusions to the concise architecture of the Oriental country. A plan of 150 square meters distributes the clientele through two narrow L-shaped rooms. The walls and the large etched glass panels further divide the two spaces. The tables are ranged along the walls of these two main bays finished in white stucco. The exception to this scheme is the wall behind the bar, and excellent graphic work on a black ground by Nill Svensson.

L'image sobre, exempte de décoration et authentiquement élégante en dit long sur le restaurant One Happy Cloud. Cette proposition de nourriture japonaise cherche à fusionner les cultures du Japon et de la Scandinavie, tant au niveau de l'esthétique que de la gastronomie, tout en faisant en permanence allusion à la pureté de l'architecture du pays oriental. Un plan quasiment carré de 150 m² environ distribue la clientèle en deux salles étroites en formes de L. Les murs et les grands paravent en verre traité à l'acide permettent une division plus nette encore entre les deux zones. Les tables sont alignées le long des murs qui entourent l'espace. Les superficies sont recouvertes de plâtre et peintes en blanc. La seule exception réside dans le mur situé derrière le bar, un excellent travail graphique sur fond noir de Nill Svensson.

Das nüchterne, frei von jeglicher Dekoration und ausser-gewöhnlich elegante Bild sagt alles über das Restaurant One Happy Cloud. Dieser Vorschlag für japanisches Essen versucht die beiden Kulturen Japans und Skandinavien hinsichtlich der Ästhetik und der Gastronomie zu fusionieren, immer mit der Anspielung auf die Reinheit der Architektur des orientalischen Landes. Eine fast quadratische Etage von 150m² verteilt die Kundschaft in zwei schmale Säle in L-Form. Die Wände und Wandschirme aus mit Säure behandeltem Glas teilen die beiden bereiche noch mehr. Die Tische sind entlang der Wände angeordnet, die den Raum einsäumen. Es sind vergipste und weiss gestrichene Oberflächen. Die Ausnahme ist die Wand hinter der Theke der Bar, eine exzellente graphische Arbeit auf schwarzem Hintergrund von Nill Svensson.

The illusion of space: above all, simplicity and cleanness of line.

Simulation de l'espace : simplicité et netteté des lignes avant tout.

Simulation des Raumes: vor allem einfache und saubere Linien.

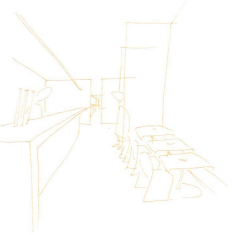

High ceilings, white walls, translucent dividers, and birch wood furniture treated with matte varnishes and treated with oil, with galvanized steel fittings: these are the only elements used.

Les hauts plafonds, les murs blancs, les paravents translucides et le mobilier en hêtre vernis avec des huiles mates ainsi que les ferrures en acier galvanisé sont les seuls recours employés pour la décoration.

Hohe Decken, weisse Wände, lichtdurchlässige Wandschirme und Mobiliar aus mit matten Ölen lackiertem Buchenholz und galvanisierte Beschläge sind die einzigen verwendeten Hilsmittel.

One Happy Cloud | 455

The black wall behind the bar takes the eye immediately—and with a different drawing every month.

Le mur noir derrière le bar attire l'attention du convive, attentif chaque mois au nouveau dessin qui l'illustre.

Die schwarze Mauer hinter der Theke zieht die Aufmerksamkeit des Gastes auf sich, da sie jeden Monat mit einer neuen Zeichnung illustriert wird.

Acontraluz

Project | Projet | Entwurf: **Sandra Tarruella Esteva, Isabel López Vilalta**

Location | Situation | Stadt: **Barcelona, España**

Inauguration | Année d'inauguration | Eröffnungsjahr: **1997**

What has been achieved in the Acontraluz is a rich Mediterranean ambience that fills the single story building, surrounded by a gardened patio (arguably the key to enjoying the locale).

The main aim in the mind of the architects was to keep the building's general framework. It is a rectangular plan with a translucent ceiling supported by the wooden rafter system. This definitely favors the lighting, which comes from above during the day, thanks to the polycarbonate roofing sheets. By night, spotlights strategically placed in the rafters light each table. The walls are finished in a rough-textured acoustic tile that unifies the space. Pine wood flooring stained the color of eggplant completes the scheme.

Recréer une ambiance méditerranéenne constitue la plus belle réussite du restaurant Acontraluz, une construction à étage unique entourée d'un patio aménagé avec des jardins, secret rendant possible la jouissance du spectacle environnant.

L'objectif principal était de conserver la structure générale de l'édifice : une superficie rectangulaire dotée d'une toiture translucide soutenue par quatre arcs en bois. De là, le concept d'éclairage a fait l'objet d'une attention particulière : durant le jour, une toiture en polycarbonate produit un effet zénithal et des toilages, une lumière tamisée ; le soir, des projecteurs stratégiquement placés par paires sur les arcs éclairent chaque table. Les murs sont revêtus d'un isolant acoustique de texture rocheuse qui révèle l'uniformité de l'espace. Au sol, on a choisi de placer une estrade en pin teinté de couleur aubergine sombre.

Die Wiedererschaffung des mediterranen Ambientes ist der Erfolg des Restaurantes Acontraluz, ein Gebäude von nur einer Etage, das von einem bepflanzten Hof umgeben ist - der Schlüssel dieser Möglichkeit, die Umgebung zu geniessen. Das Hauptziel war, die generelle Struktur des rechteckigen Gebäudes mit dem durch vier Holzstreben gehaltenen lichtdurchlässigen Dach beizubehalten. Auf diese Weise wurde das Konzept der Beleuchtung gefördert: mit Leinentuch gedämpfter Lichteinfall von oben während des Tages, dank des Daches aus Polycarbonat; und in der Nacht erhellen an den Dachstreben strategisch angebrachte Lichtkegel jeden Tisch. Die Wände sind mit akustischem Isoliermaterial mit Steinmuster verkleidet, das dem Raum Einheit gibt. Als Fussbodenbelag wurde Parkett aus in dunklem Aubergine getönten Pinienholz gewählt.

The composition of the dining room has few frills. The spots in the rafters focus on each individual table.

La composition de la salle à manger offre une image épurée et loin des artifices. Les projecteurs diffusent une lumière concentrée sur chaque table.

Die Komposition des Speisesaales bietet ein feines Bild, weit weg von Unnatürlichkeiten. Die Lichtkegel projezieren ein konzentriertes Licht auf jeden Tisch.

The dining room turns into a large diaphanous space. The ultra-high ceiling is ideal for giving the artwork its own say. Horizontal steel plating conceals the kitchen doorway and houses the refrigerators.

La salle à manger se révèle être une grande salle diaphane avec un plafond haut, idéal pour permettre aux tableaux choisis de s'imposer d'eux mêmes. Des tôles horizontales fixées sur des panneaux en fer cachent l'accès à la cuisine et abritent la chambre froide.

Der Speisesaal ist ein grosser offener Saal mit einer sehr hohen Decke, ideales Ambiente, damit die gewählten Bilder so richtig zur Geltung kommen können. Horizontale Eisenplatten verbergen den Zugang zur Küche und beherbergen die Kühlkammern.

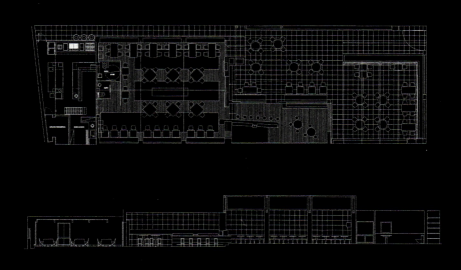

Mash

Project | Projet | Entwurf: **Finn Architects & Andrew Martin (Design)**

Location | Situation | Stadt: **London, United Kingdom.**

Inauguration | Année d'inauguration | Eröffnungsjahr: **1998**

Mash is the re-make of an old Vauxhall garage. It is a micro-brewery cum bar and restaurant and something of an image of the future as the past must once have imagined the present. With a flowing, light aesthetic, the restaurant introduces itself as a suave, curvy space. The elegance of the masses, their absence of corners or pointed borders, fits the commodious ideal, based on the use of flexible materials which, like the liquid elements, dilate and constrict. Mash uses its installations to advantage to show off John Currin's 70s images. The artist presents elegant portraits dating from that time.

Le Mash a pris possession des anciens garages de la Vauxhall pour se convertir en une micro-brasserie bar-restaurant qui exprime une image du futur tel que celui-ci était imaginé dans le passé. Avec son esthétique aux formes fluides et légères, le restaurant se présente comme un espace régi par les courbes délicates. L'élégance des volumes, exempts de coins ou de bords pointus, instaure un confort basé sur l'usage de matériaux flexibles qui, comme l'élément liquide, se dilatent et se contractent. Le Mash profite de ses installations pour exposer des images des années soixante-dix de John Currin. L'artiste fait le portrait de personnages élégant des années en question.

Das Mash installierte sich in einer ehemaligen Garage von Vauxhall, um sich in ein Mikro-Bierlokal-Bar-Restaurant zu verwandeln, das ein Bild der Zukunft bildet, so wie man es sich in der Vergangenheit vorgestellt hat. Mit einer Ästhetik der fliessenden und leichten Formen präsentiert sich das Restaurant als ein Raum, in dem die sanften Kurven regieren. Die Eleganz der Räume, die keine Ecken oder scharfen Ränder haben, schafft eine Gemütlichkeit, die in der Verwendung von Materialien basiert, die sich wie das flüssige Element ausdehnen und schwinden. Das Mash nutzt seine Räumlichkeiten, um Bilder von John Currin aus den siebziger Jahren auszustellen. Der Künstler zeigt Portraits von eleganten Persönlichkeiten aus dieser Zeit.

Mash is decorated in commodious flexible materials.

Le Mash instaure un confort basé sur l'usage de matériaux flexibles.

Das Mash kreiert eine Gemütlichkeit, die in der Verwendung von flexiblen Materialien basiert.

Mash has returned to a suave, flowing aesthetic with forms that turn it into a vanguardist restaurant.

Le Mash reprend une esthétique aux formes fluides et délicates qui le transforment en restaurant d'avant-garde.

Das Mash präsentiert eine Ästhetik der flüssigen und sanften Formen, die es in ein vanguardistisches Lokal verwandeln.

Café Spiaggia

Project | Projet | Entwurf: **Marve Cooper Design.**

Location | Situation | Stadt: **Chicago Illinois, U.S.A**

Inauguration | Année d'inauguration | Eröffnungsjahr: **1997**

The Café Spiaggia is a restaurant with the capacity to bring a new contemporary taste to traditional Italian cuisine. The ingeniousness of the Marve Cooper Design project is a solution halfway between Renaissance aesthetics and today's Italian modes. The well-known frescos by Italian masters, with a special treatment that outlines the silhouettes, and the black-and-white square marble flooring tiles, plus an applied patina to bring about a distressed effect, give the Café Spiaggia ambience like that of Italian palaces. Parallel to these Renaissance elements, however, is the use of vanguardist Italian design and line to provide a balanced contrast.

Le Café Spiaggia est un restaurant qui a su apporter une nouvelle saveur contemporaine à la cuisine traditionnelle italienne. Le génie du projet de Marve Cooper Design révèle l'existence d'une solution à mi-chemin entre l'esthétique de la Renaissance et le design italien actuel. Les fameuses fresques des maîtres italiens, soumises à un traitement spécial qui efface les contours des silhouettes, et le marbre du sol aux carreaux noirs et blancs ainsi qu'une patine pour obtenir un effet vieillissant recréent l'ambiance des palazzi italiens dans le Café Spiaggia. Cependant, parallèlement à ces éléments propres à l'Italie artistique de la Renaissance, un mobilier de design italien et aux lignes avant-gardistes est à l'origine du contraste.

Das Café Spiaggia ist ein Restaurant mit der Kapazität, der traditionellen italienischen Küche einen neuen mediterranen Geschmack zu verleihen. Die Genialität des Entwurfes von Marve Cooper Design zielt auf eine Lösung, die sich auf halbem Weg zwischen der Ästhetik der Renaissance und dem aktuellen italienischen Design befindet. Die bekannten Fresken der italienischen Genies mit einer speziellen Behandlung, das die Konturen der Silhouetten verschwimmen lässt, und der Marmor des Fussbodens aus schwarzen und weissen Quadraten und mit einer Patina, um einen Alterungseffekt zu erzielen, verwandeln das Café Spiaggia in ein für die italienischen palazzi charakteristisches Ambiente. Kontrastpunkt ist dennoch das, parallel zu den für das künstlerische Italien charakteristischen Elemente der Renaissance, verwendete Mobiliar aus italienischem Design und mit vanguardistischen Linien.

The windows of the Café Spiaggia display pieces of Murano glass and other works of art and typical articles of Italian design.

Les vitrines du Café Spiaggia exposent des pièces en verre Murano, des œuvres d'arts et des articles caractéristiques du design italien.

Die vitrinen des Café Spiaggia stellen Stücke aus Murano-Glas, kUnstwerke und chrakteristische Artikel des italienischen Designs aus.

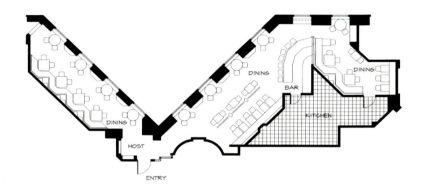

The arrangement of the booths in a zigzag pattern maintains an independence among the tables.

La disposition des bancs en zigzag permet à chaque table de conserver une certaine indépendance.

Die Anordnung der Bänke im Zickzack, erlaubt eine gewisse Unabhängigkeit zwischen den Tischen.

Café Teatro

Project | Projet | Entwurf: **Studio Arthur de Mattos Casas Arquitetura Design**

Location | Situation | Stadt: **São Paulo, Brasil**

Inauguration | Année d'inauguration | Eröffnungsjahr: **1998**

This is a place where the vegetation is present not only in the two rehabilitated gardens at the front and the entrances but also at any point inside the locale, palm trees included.

The long, high bay that serves as an interior salon alternates color palettes based on black, white, blue, and yellow. A very tropical aesthetic highlighting the tile borders follows this color combination. Behind the glass doors of the front entrance is a long bar. And behind this are some closed off areas like the kitchen and the restrooms. The kitchen has a counter to serve the bar and the front garden.

Dans le lieu où se situe le restaurant, la végétation ne se trouve pas seulement dans les deux jardins aménagés face à son entrée ainsi qu'à l'arrière ; elle est également omniprésente à l'intérieur du local qui abrite même des palmiers.

L'entrepôt allongé, doté d'une grande hauteur de plafond, faisant office de salle intérieure alterne les couleurs à base de noir, de bleu et de jaune. L'esthétique grandement tropicale est essentiellement composée par des frises en carreaux reprenant la combinaison chromatique. Derrière les portes en verre de l'entrée s'étend un long comptoir de bar. À son extrémité se trouvent des dépendances fermées telles que les toilettes et la cuisine. Cette dernière est dotée d'un comptoir où s'effectue le service pour le bar et le jardin frontal.

Bei diesem Lokal handelt es sich nicht nur um eines, in dem die Vegetation nicht nur in den gegenüber des Eingangs angelegten Gärten und in dem hinteren Teil präsent ist, sondern auch in jedem anderen Punkt des Lokals - Palmen mit inklusive.

Die langgestreckte und hohe Halle, die den inneren Saal bildet, wechselt sich die Farbpalette zwischen schwarz, weiss, blau und gelb ab. Eine sehr tropische Ästhetik, in der als Untermieter die Einsäumung der Kacheln hervorsticht, die der chromatischen Kombination folgt. Hinter der gläsernen Eingangstür erstreckt sich eine lange Theke. Hinter ihr befinden sich einige verschlossene Nebenbereiche wie die Toiletten und die Küche. Letztere verfügt über eine Theke, von der aus der Service in der Bar und im vorderen Garten erleichtert wird.

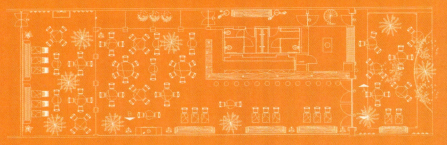

General plan.

Once inside, the interminable bar on the right-hand side offers the glamour of its select furniture. The table area softens the environment by including individual lamps and palm trees.

Une fois à l'intérieur, sur la droite, l'interminable bar offre tout le glamour d'un mobilier choisi. La zone où se situent les tables adoucit l'ambiance à l'aide de l'inclusion d'éclairages individuels et de palmiers.

Einmal drinnen bietet die unendlich lange Theke auf der rechten Seite den Glanz eines aussergewöhnlichen Mobiliars. Der Bereich der Tische mildert das Ambiente mit der Einbeziehung von individuellen Lichtern und Palmen.

View of the garden at the front entrance to the dining room.
These two areas harmonize to create a tropical whole.

Vue du jardin qui précède l'entrée menant à la salle à manger.
La syntonie entre les deux sphères crée un ensemble d'allure tropicale.

Sicht vom Garten aus, der sich vor dem Eingang zum Speisesaal befindet.
Die Abstimmung zwischen beiden Sphären schafft eine tropische Atmosphäre.

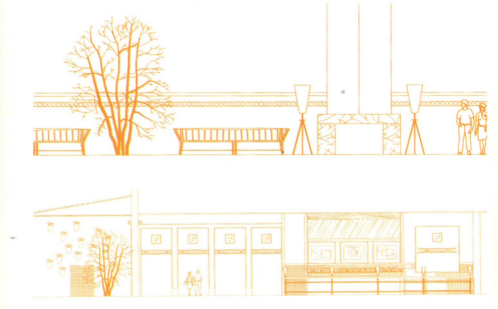

The furnishings and the rest of the interior decoration is an extension that offered in the garden. Inside seating capacity is for about 60 diners.

Le mobilier et la décoration d'intérieur constituent une continuité des aménagements mis à disposition à l'extérieur. La salle a une capacité d'environ 60 convives.

Das Mobiliar und die Dekoration des Interieur ist eine Fortsetzung dessen, was draussen vor der Tür geboten wird. Das Innere des Lokals bietet Platz für annähernd 60 Gäste.

Cantaloup

Project | Projet | Entwurf: **Studio Arthur de Mattos Arquitetura Design**

Location | Situation | Stadt: **São Paulo, Brasil**

Inauguration | Année d'inauguration | Eröffnungsjahr: **1997**

The Restaurant Cantaloup was raised on what used to be a bakery. The current building is almost new and is comprised of two bays well differentiated in terms of plan and elevation. One of the counts on a large dining room with metal rafters and a central skylight. Large paintings line the white walls, bearing images centering on things gastronomic. The second bay is made up of the kitchen and a second small room, optionally used as an open-air garden or can open into the first room.

The roof is an electronically operated folding glass-and-steel structure. Two large wooden sliding doors serve the front entrance.

Le restaurant Cantaloup s'érige sur ce qui était dans le passé une fabrique de pain. La structure actuelle est quasiment neuve et se compose de deux larges corridors aux sols et aux façades bien différents. L'un d'entre eux forme une grande salle à manger recouverte d'une structure en arcs métalliques et dotée d'une lucarne centrale. De grands tableaux sont accrochés aux murs blanchis et illustrent des scènes gastronomiques. Le second corridor comprend la cuisine et une seconde salle qui peuvent soit se transformer en jardin à l'air libre, soit s'ouvrir et s'unir à la première salle.

La toiture est basée sur une structure en verre et en acier pliable au moyen d'un système électronique. Deux grandes portes coulissantes en bois scellent la façade.

Das Restaurant Cantaloup erhebt sich dort, wo in der Vergangenheit eine Brotfabrik war. Die aktuelle Struktur ist fast neu und besteht aus zwei Bereichen, die sehr unterschiedlich in Nivell und der Fassade sind. Eine davon besteht aus einem grossen Speisesaal, der mit einer Metall-Dachstruktur und einem zentralen Dachfenster ausgestattet ist. Grosse Gemälde mit Gastronomie-Themen hängen an den weissgetünchten Wänden. Der zweite Bereich integriert die Küche und einen zweiten Saal, die sich in einen Garten unter freiem Himmel verwandeln oder sich mit dem ersten Saal vereinen können. Das Dach basiert auf einer Struktur aus Glas und Stahl, das mit einem elektronischen System zusammengeschoben werden kann. Zwei grosse Schiebetüren aus Holz verschliessen die Fassade.

The soft orange and yellow and natural wood panels were designed by Arthur de Mattos' firm. The white walls and the revealed brick offer a fresh setting.

Le mélange de tons doux (orangés, jaunes et bois) est une idée du bureau Arthur de Mattos. Les murs de brique blanchis apportent une touche de fraîcheur.

Die sanften Farbtöne - orange, gelb und hölzern - wurden von dem Büro von Arthur de Mattos entworfen. Die weissgetünchten Wände aus Backstein bieten ein frisches Bild.

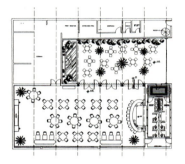

Based on the restaurant's success, the proprietors decided to build a bar annex, the Cantaloup Living Room. Architecturally independent, the decor is warmer, as suits a piano bar.

Après le succès du restaurant, les propriétaires ont décidé de construire un bar annexe, le Cantaloup Living Room. Architecturalement indépendante, la décoration prend une température plus chaleureuse, propre à un piano-bar.

Nach dem Erfolg des Restaurants entschlossen sich die Besitzer, eine zusätzliche Bar zu konstruieren, das Cantaloup Living Room. lArchitektonisch unabhängig hat die Dekoration eine wärme Temperatur, charakteristisch für eine Piano-Bar.

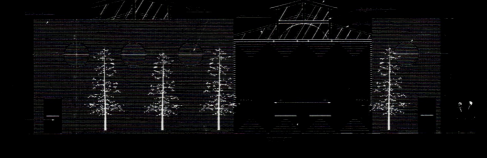

El Japonés

Project | Projet | Entwurf: **Sandra Tarruella Esteva, Isabel López Vilalta**

Location | Situation | Stadt: **Barcelona, España**

Inauguration | Année d'inauguration | Eröffnungsjahr: **1999**

The design and creation of Oriental restaurants are many, but the cleverest are those where the locale copies the arrangement of things spatial on the basis of the perception the West has of these Eastern cultures. This is certainly the case in the restaurant before us, El Japonés. The project has recreated a Nipponese aesthetic based on linear forms, and this is combined with materials of the binary opposites cold and hot. There is an especially salient contrast in colors and textures, matte and glossy. The oiled wood in the floors, in the bar tops, and in the communal tables delineates the austere core the architecture wishes to transmit.

Out of this come two sharply differentiated zones: the kitchen, partially visible and with false ceilings; and the dining room. An injection of the open, the informal has arisen from the study of different seating possibilities.

Les propositions de restaurants orientaux sont nombreuses mais les plus réussies sont celles qui, au lieu d'en copier la composition spatiale, empruntent les aspects des cultures en question telles qu'elles sont perçues en Occident. C'est notamment le cas du Japonés dans lequel l'esthétique nippone est recréée à partir de formes droites et où les matériaux froids se combinent à d'autres, plus chauds. Les contrastes des couleurs, des textures, des effets mats et brillants sont mis en valeur. Les bois huilés employés pour le sol, les plateaux des comptoirs et les tables communautaires définissent la nuance austère prétendument transmise.

Deux zones distinctes sont identifiables : la cuisine, partiellement visible et aménagée de faux-plafonds ainsi que la salle à manger. Pour contrecarrer le formalisme et amplifier l'ouverture de l'espace, divers modèles de sièges ont été étudiés.

Die Vorschläge des orientalischen Restaurantes sind grosszügig, aber die treffendsten sind jene, die anstatt die Komposition des Raumes zu kopieren, sich die Wahrnehmung ausleiht, die man im Westen von diesen Kulturen hat. Dies ist der Fall des Restaurants El Japonés, in dem mit geraden Formen und der Kombination von kalten und warmen Materialien eine japanische Ästhetik wiedererschaffen hat. Es sticht der Kontrast der Farben und Strukturen, matte und glänzende hervor. Das geölte Holz, das für den Fussboden, die Thekenoberflächen und die Tische verwendet wurde, identifiziert die strenge Nuance, die man vermitteln wollte. Zwei verschiedene Zonen werden angekündigt: die Küche, teilweise sichtbar und mit Zwischendecken versehen, und der Speisesaal. Um einen informellen und offenen Charakter zu injezieren, wurden verschiedene Sitz-Möglichkeiten ausprobiert.

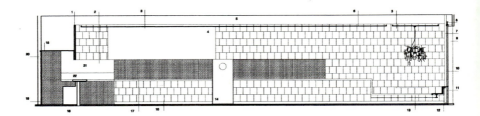

The restaurant's façade evokes Peter Greenaway's film The Pillow Book: the use of large trunks of bamboo in the gardens and of silver leaf in the main door pan show how.

La façade du restaurant évoque le film "The Pillow Book" de Peter Greenaway : de grandes cannes de bambou, placées dans des jardinières et l'utilisation d'une couche d'argent recouvrant les portes d'accès au local en sont la preuve.

Die Fassade des Restaurantes ahmt den Film «The Pillow Book», von Peter Greenway nach: einige grosse Bambusröhren in einigen Blumenbeeten und die Verwendung von Silberplättchen als Verkleidung der Eingangstür des Lokals geben einen Beweis dafür.

The lighting fits the locale's open character. Xenon lamps are in use in the columns near the middle wall, previously covered with metallic mesh for acoustic insulation. The spots in the ceiling and the hanging lamps are reminiscent of Japanese lighting.

Les illuminations s'ajustent sur le caractère ouvert du local. Un éclairage au xénon a été installé sur les deux piliers jouxtant le mur mitoyen préalablement recouvert d'une maille métallique faisant office d'isolant acoustique. Les projecteurs du plafond et les lampes rappellent une atmosphère japonaise.

Die Beleuchtung passt sich an den offenen Charakter des Lokals an. Man hat ein Xenon-Licht in den Säulen in der Nähe von der mittleren Wand benutzt, die zuvor mit mit einem Metallnetz als akustische Isolierung verkleidet wurde. Die Lichtkegel der Decke und die Lampen, die an japanische Atmosphäre erinnern.

Belgo Centraal

Project | Projet | Entwurf: **Ron Arad Associates**

Location | Situation | Stadt: **London, United Kingdom**

Inauguration | Année d'inauguration | Eröffnungsjahr: **1995**

Belgo Centraal Restaurant, in London's West End, is the refurbished finale of an old nineteenth-century wine cellar.

Ron Arad saw the project in a way that would later lead to complications due to the spaces limited access and the low influx of natural light. It was decided to bring more daylight in through the ceiling by adopting a highly original glass roof with wood and steel panels and circular apertures. Arad's «bad» reading and the search for beauty can be appreciated in other Belgo Centraal elements such as the outer walls, painted a strident red, or the design, rebellious and aggressive, in the chairs and tables.

Le restaurant Belgo Centraal, situé dans le West End londonien, est issu d'un projet de réhabilitation d'anciens chais du XIXème siècle.

La proposition faite par Ron Arad se confrontait à divers problèmes étant donné que l'accès à l'espace en question était limité et l'entrée de lumière naturelle restreinte. C'est pour ces motifs qu'on a fait pénétrer la lumière naturelle par le plafond en adoptant un procédé de toiture en verre véritablement original. Celle-ci est constituée de panneaux en bois et en acier et présente des perforations circulaires. La transgression et la recherche de la beauté par Arad peuvent se détecter dans d'autres éléments du Belgo Centraal tels que les murs extérieurs, peints en rouge vif, ou encore le design, rebelle et agressif, des tables et des chaises.

Das Restaurant Belgo Centraal im Londoner West End ist ein Projekt der Wiederherstellung eines ehemaligen Weinkellers aus dem 19. Jahrhundert.

Der Entwurf von Ron Arad hatte mehrere Probleme zu lösen, da der Platz einen begrenzten Zugang hatte und die Einstrahlung des natürlichen Lichtes sehr reduziert war. Aus diesem Grund entschied man, das Tageslicht über die Decke eindringen sollte und installierte ein originelles Dach aus Glas mit Holz- und Stahltafeln und mit kreisförmiger Perforierung. Die Suche und die Überflügelung der Schönheit von Seiten Arads kann man in anderen Elementen des Belgo Centraal entdecken, beispielsweise in den im grellen Rot gestrichenen Aussenwänden oder in dem rebellischen und aggressiven Design der Stühle und Tische.

The high ceiling of glass, with wood panels, in the upper part, and steel panels, on the outside, are marvelously adapted to the concept of one space.

En haut, la toiture en verre munie de panneaux en bois à l'intérieur et en acier à l'extérieur s'adapte à merveille à l'aspect uniforme de l'espace.

Im oberen Teil das Dach aus Glas mit Holztafeln innen und von aussen mit Stahl passen sich wunderbar an den einheitlichen Charakter des Raumes an.

An industrial lift of steel and glass takes clients to the different dining rooms.

Un ascenseur industriel en acier et en verre mène les clients aux diverses salles à manger.

Ein Industrie-Aufzug aus Stahl und Glas führt die Gäste zu den verschiedenen Speisesälen.

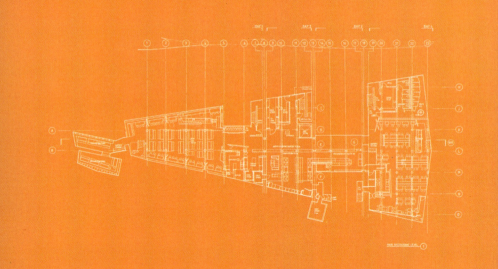

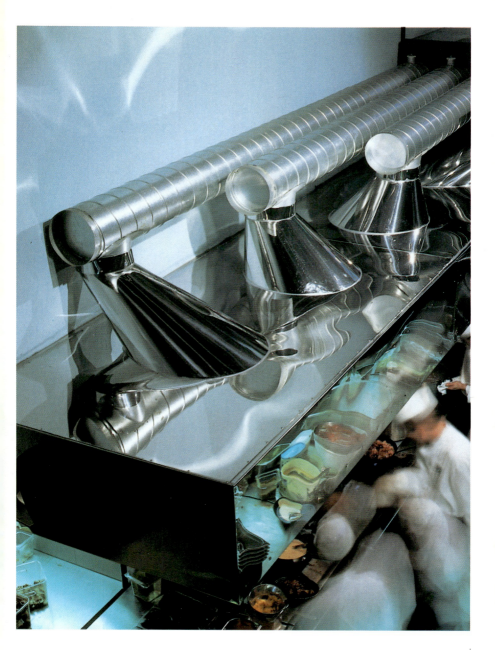

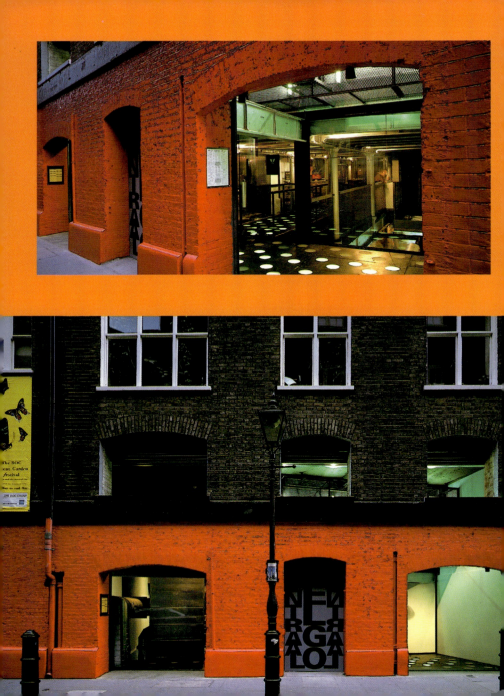

The Belgo Centraal's exterior is a provocative realization of an architecture characteristic of the nineteenth century.

L'aspect extérieur du Belgo Centraal est une actualisation provocante de l'architecture caractéristique du XIXème siècle.

Das Äussere des Belgo Centraal ist eine provokative Aktualisierung der Architektur des 19. Jahrhunderts.

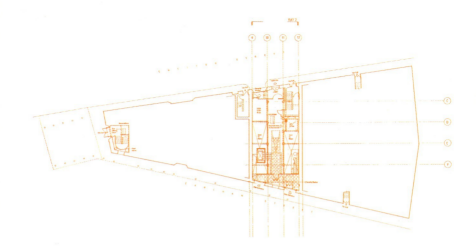

General plans of the Centraal. In the upper part is the plan of the mezzanine with its elegant bridge running across the ground-floor apertures.

Plans généraux du Belgo Centraal. En haut, le plan de l'entresol illustre l'élégant pont qui parcourt la pièce ainsi que les ouvertures de l'étage inférieur.

Der Grundriss des Belgo Centraal. Im oberen teil zeigt der Plan de Zwischenstockwerks die elegante Brücke, die der Bereich bildet und die öffnungen des unteren Stockwerks.

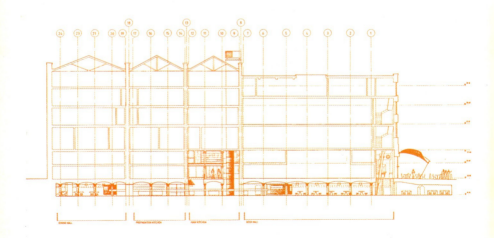

The combination of wood and steel in the design of the furniture for the dining rooms is one example of Arad's «bad» reading.

La combinaison du bois et de l'acier dans la conception du mobilier des salles à manger constitue la caractéristique d'un Arad au summum de la transgression.

Die Kombination von Holz und Stahl im Desig des Mobiliars ser Speisesäle ist eine der hervorstechendsten Chrakteristiken von Arad.

101 CityFood Café

Project | Projet | Entwurf: **Westfourth Architecture**

Location | Situation | Stadt: **Manhattan, NY, U.S.A**

Inauguration | Année d'inauguration | Eröffnungsjahr: **1997**

101 CityFood Café is the office cafeteria of the 45-storey Manhattan skyscraper. This ground floor establishment extends over 650 square meters to house two well-separated areas in a colorist design scheme that emphasizes walls and floor.

The first area, and the larger, can be reached from the street, although there is a mild grade. This area is triangular in shape and has several stainless steel counters with food on offer from different points on the planet. A curved, blue, Venetian stucco wall joins the entrance and the counters. Two large screens observe us, one showing an enormous female eye, the other a 1930s view of Park Avenue.

Le 101 CityFood Café fait office de salle à manger pour les bureaux d'un gratte-ciel de 45 étages à Manhattan. Ce rez-de-chaussée s'étend sur 650 m² sur lesquels se répartissent deux zones bien délimitées à l'aide des couleurs appliquées aux murs et aux sols. La première zone, la plus grande, de forme triangulaire, est accessible depuis la rue bien que son niveau lui soit légèrement inférieur. Divers comptoirs en acier inoxydable affichent les menus gastronomiques provenant de différents points de la planète. Un mur en stuc vénitien de forme courbée et coloré en bleu fait le lien entre le hall et la salle où sont placés les comptoirs. Deux grands panneaux semblent observer le convive : l'un d'entre eux représente un énorme œil de femme, et l'autre évoque une vue du Park Avenue des années trente.

Das 101 CityFood Café ist der Speisesaal der Büros eines Wolkenkratzers mit 45 Stockwerken in Manhattan. Dieses Erdgeschoss erstreckt sich über 650m² mit zwei Bereichen, die über farbliche Mittel an den Wänden und dem Fussbodenbelag von einander getrennt werden. Die erste und grösste Zone hat Zugang von der Strasse und hat auf einem etwas tieferen Niveau gelegen, eine Dreiecksform, in der mehrere Truhen aus Glas und rostfreiem Stahl gastronomische Angebote von verschiedenen Punkten des Planeten zeigen. Eine kurvige Mauer aus Venezianischem Stuck in blauer Farbe bildet die Verknüpfung zwischen dem Eingang und dem Saal der Schautruhen. Zwei grosse Bildschirme beobachten den Gast: ein illustres und enormes Auge einer Frau und der andere ahmt eine Ansicht der Park Avenue der dreissiger Jahre nach.

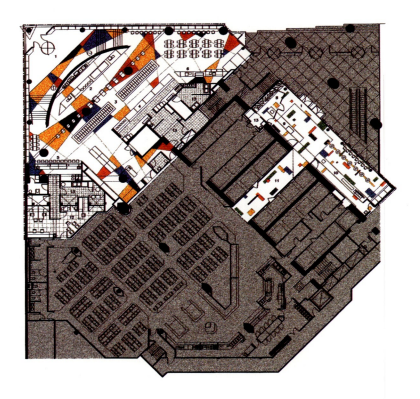

General plan of the building's two areas.

1. Entrance
2. Cafeteria / Pastry shop
3. Salads
4. Special snacks
5. Sushi counter
6. Juices and ice creams
7. Dining room
8. Flower shop
9. Dessert bar
10. Sandwich bar
11. Corridor
12. Office
13. Work area

Plan général de l'édifice constitué de deux zones.

1. Entrée
2. Cafétéria / Pâtisserie
3. Salades
4. En-cas spéciaux
5. Comptoir de sushi
6. Jus et glaces
7. Salle à manger
8. Fleuriste
9. Comptoir de desserts
10. Comptoir de sandwichs
11. Couloir vers la cafétéria
12. Bureau
13. Zone de travail

Grundriss des Gebäudes mit den zwei Bereichen.

1. Eingang
2. Cafeteria / Konditorei
3. Salate
4. Spezielle Appetithappen
5. Schautruhe für Sushi
6. Säfte und Eis
7. Speisesaal
8. Blumenkiosk
9. Theke für Nachtisch
10. Theke für belegte Brote
11. Korridor zur Cafeteria
12. Büro
13. Arbeitsbereich

The use of color in the floor and in the wall contrasts with the metal mesh in the ceiling, leaving an open view of the cabling and the fluorescent lights. The lighted panels above the food trays and the different monitors suspended from the ceiling emphasize the restaurant's international ambience.

L'usage de la couleur pour les sols et les murs contraste avec la grille métallique du plafond, laissant visible le système de câblage et les néons. Le recours aux panneaux lumineux installés au-dessus de la nourriture et aux moniteurs suspendus au plafond souligne l'ambiance internationale du restaurant.

Die Verwendung von Farbe im Fussbodenbelag und an der Mauer kontrastiert mit dem Metallgitter der Decke und lässt die Verkabelung und die Leuchtstofflampen. Die Leuchtpaneelen über dem Essen und die an der Decke hängenden Bildschirme unterstreichen das internationale Ambiente des Restaurants.

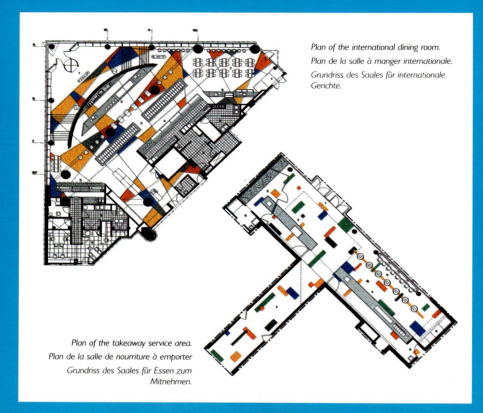

Plan of the international dining room.
Plan de la salle à manger internationale.
Grundriss des Saales für internationale Gerichte.

Plan of the takeaway service area.
Plan de la salle de nourriture à emporter
Grundriss des Saales für Essen zum Mitnehmen.

101 CityFood Café

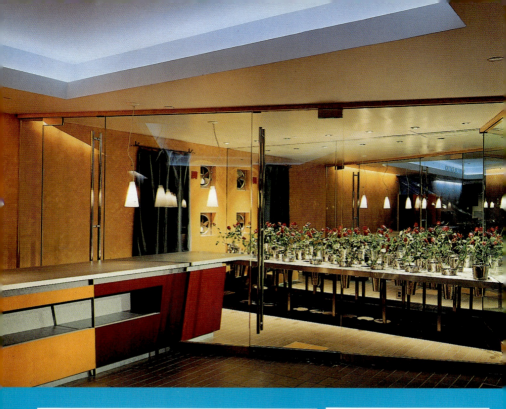

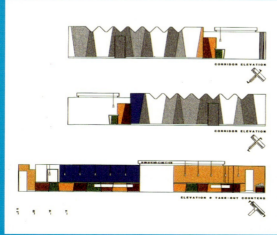

Elevations of Area Two. A sign in here reads: "Eat, drink, buy flowers, and go back to work."

Tracé de la seconde zone. La devise "Mange, bois, achète des fleurs et retourne au travail" apparaît sur un panneau.

Ansicht des zweiten Bereiches. Das Motto der Aufschrift lautet: «Iss, trink, kauf Blumen und geh wieder zurück zur Arbeit.»

Mar Gran

Project | Projet | Entwurf: **J. Fernández, F. Domingok, I. Matas**

Location | Situation | Stadt: **Tossa de Mar, Girona, España**

Inauguration | Année d'inauguration | Eröffnungsjahr: **2001**

La Mar Gran is on the ground floor of the Hotel Vila in Tossa de Mar. The front entrance of the cafeteria-restaurant provokes a blending of different geometrical lines that are there to break the symmetry and stress the locale's open access.

The project has created a work of simple lines, elegant materials, and personal designs. Hence the glass, the wood, and the ceramic floor tiles as basics in the interior design scheme. The touch of color and the ornamental element that best fit in with the restaurant's name come out of the use of sea-blue stucco in a unique little windowed wall.

Le Mar Gran se trouve au rez-de-chaussée de l'Hotel Villa. La porte d'entrée de la cafétéria-restaurant se situe à la conjonction de lignes géométriques diverses qui ont pour prétention de rompre la symétrie tout en rendant l'accès au local possible.

On note la volonté de créer un espace aux lignes simples, élaboré en matériaux nobles et au design personnel. C'est pourquoi le verre, le bois et le grès du sol ont été choisis comme matériaux de base pour la décoration d'intérieur. L'application de stuc bleu marine sur un petit mur uniquement constitue à la fois une touche de couleur et l'élément décoratif le plus en accord avec le nom du local.

Das Mar Gran befindet sich im Erdgeschoss des Hotels Vila de Tossa de Mar. Die Tür des Eingangs zum Cafeteria-Restaurant provoziert eine Verbindung von diversen geometrischen Linien, mit denen man versucht die Symetrie zu zerstören und den Zungang zum Lokal zu potenzieren. Man versuchte ein Ambiente der einfachen Linien, noblen Materialien und persönlichem Design zu kreieren. Aus diesem Grund wählte man das Glas, das Holz und das Steingut als Grundmaterialien für das Design des Interieurs. Der Hauch von Farbe und das dekorative Element, das am meisten mit dem Namen des Lokals im Einklang steht, wird durch die Verwendung des meerblauen Stucks an einer kleinen und einzigen Wand erreicht.

The chairs are the Plaza models, of birch and stainless steel.

Le modèle de chaises choisi est le modèle Plaza, en bois de hêtre et acier inoxydable.

Die Stühle, die ausgewählt wurden, sind das Modell Plaza aus Buchenholz und rostfreiem Stahl.

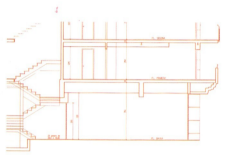

The counter in the cafeteria is covered in veneered bubinga wood over blocks of solid wood.

Le comptoir de la cafétéria, composé de blocs de bois massif, est recouvert de bois de bubinga contre-plaqué.

Die Theke der Cafeteria wurde mit furniertem Bubinga-Holz verkleidet und mit Massivholzblöcken vereint.

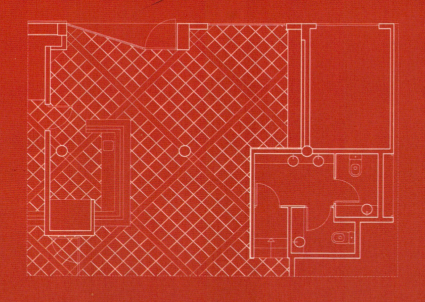

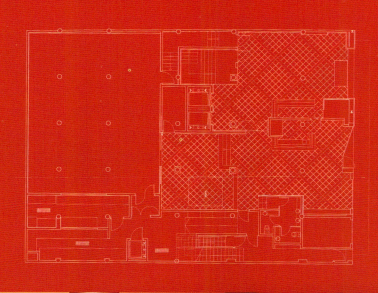

PLANTA BAIXA

In the center of Mar Gran is a communal table of two solid wood tops embedded in a column, facilitating service for a larger number of diners.

C'est sur une table commune placée au centre du local et réalisée à partir de deux plateaux de bois massif suspendus et encastrés dans une colonne, que la plupart des plats sont servis aux convives.

Im Zentrum des Lokals proportioniert ein gemeinsamer Tisch, der aus zwei aufgehängten und eine Säule umschliessenden Massivholzplatten realisiert wurde, den grösstmöglichen Service für die Gäste.

Kikuyu

Project | Projet | Entwurf: **Jorge Varela**

Location | Situation | Stadt: **Madrid, España**

Inauguration | Année d'inauguration | Eröffnungsjahr: **1998**

Kikuyu is an especially balanced created through the use of what may at first sight appear to be a cold space, but is, essentially, warm.

The front panel of the bar, in plate steel with a slate covering, is especially well crafted. In the zone used as restaurant, the use of oversize windows that go all the way to the ceiling take maximum advantage of the interior patios, thus integrating them into the locale. Mixing cold colors, the treatment of the walls brings about a successful coexistence with the warm nuclei of the indoor gardens.

Le Kikuyu prétend fournir un espace tout en harmonie au moyen de la création d'un espace d'apparence froide, mais d'essence chaleureuse.

Un comptoir plaqué en acier muni d'un plateau en ardoise préside la zone du bar. D'autre part, dans la zone destinée au restaurant, de grandes baies vitrées ont été ouvertes pour s'étendre du sol au plafond afin de donner toute leur dimension aux patios intérieurs de l'immeuble et de les intégrer au local. Ainsi, le traitement appliqué aux murs, mélangeant les tons froids, cohabite parfaitement avec les noyaux chauds constitués par les jardins intérieurs.

Das Kikuyu versucht, ein deutlich harmonisches Ambiente durch die Kreation von einen scheinabr kalten aber essentiell warmen Raum zu schaffen.

Es sticht eine mit Stahl verkleidete Theke mit Schieferplatte hervor, die die Zone der Bar präsidiert. Auf der anderen Seite wurden in der für das Restaurant vorgesehenen Zone grosse Fensterfronten geöffnet, die sich von der Decke bis zum Fussboden erstrecken, um die Innenhöfe des Gebäudes auszunutzen und sie in das Lokal zu integrieren. Aus diese Weise lebt die Behandlung der Wände mit der Mischung aus kalten Farbtönen perfekt mit den warmen Zentren der Gärten zusammen.

The lighting in the Kikuyu gives the space an optimal visual effect that matches the rest of the architecture's personality.

L'éclairage du Kikuyu donne à l'espace une qualité lumineuse optimale qen accord avec la personnalité de l'œuvre.

Die Beleuchtung des Kikuyu verleiht den Räumlichkeiten eine optimale leuchtende Wärme, die der Persönlichkeit des Werkes Form gibt.

Oversize windows span the space from floor to ceiling and are integrated into the formal order of the locale to create the illusion of interior gardens.

De grandes baies vitrées qui s'étendent du sol au plafond s'intègrent dans l'ordre formel du local en créant l'illusion de jardins intérieurs.

Grosse Fensterfronten, die sich von der decke bis zum Fussboden erstrecken, integrieren sich in der formellen Ordnung des Lokals und kreieren die Ilusion eines Innengartens.

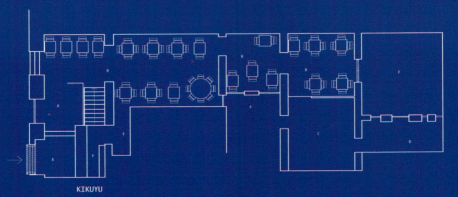

KIKUYU

PLANTA CALLE
A   Entrada y BAR
B   Comedor
C   Cocina
D   Zona servicio
E   Bodega
F   Barra BAR
G   Patios interiores

The walls are treated with textured plaster and painted with grays, whites, and ochres.

Le traitement appliqué aux murs, à base de stuc peigné, mélange les tons grisâtres, blancs et ocres.

Die Behandlung der Wände mit gezogenem Stuck vermischt Grautöne mit weissen und ockerfarbenen Tönen.

Plaza

Project | Projet | Entwurf: **Alfredo Arribas Arquitectos Asociados**

Location | Situation | Stadt: **Frankfurt, Deutschland**

Inauguration | Année d'inauguration | Eröffnungsjahr: **1997**

The Plaza is the annex of the Commerzbank, the highest skyscraper in Europe. A 1,800-square-meter room inside it serves simultaneously as foyer, cultural space, and restaurant for the bank's employees. Arribas has found an ingenious way to respect the initial project, by Norman Foster. To do this, he has allowed the distribution of the restaurant to follow the same lines that Foster laid out for the building, adding only an austere kind of furniture that functions autonomously in the converted space.

The grand salon serving the diners flows naturally into the settings destined to artistic exhibits, and from there into the foyer.

Le Plaza est un édifice annexe au Commerzbank, le gratte-ciel le plus haut d'Europe. Une salle de 1.800 m² prétend remplir simultanément les fonctions de vestibule, d'espace culturel et de restaurant pour les employés de la banque. La proposition d'Arribas se voulait respectueuse du projet initial de Norman Foster. C'est pourquoi la distribution du restaurant suit les lignes tracées par l'édifice lui-même en intégrant seulement le mobilier aux formes épurées qui prennent tout leur sens indépendamment de l'espace.

Ainsi la grande salle où se trouvent les convives fait preuve d'une continuité parfaite avec les espaces destinés à l'exposition des installations artistiques et avec le vestibule.

Das Plaza ist eine Nebengebäude der Commerzbank, dem höchsten Wolkenkratzer Europas. Ein Saal von 1.800m² versucht zur gleichen Zeit die Funktionen des Vestibüls, des kulturellen Raumes und eines Restaurants für die Angestellten der bank zu beherbergen. Der Entwurf von Arribas versuchte respektvoll mit dem Anfangsprojekt von Norman Foster zu sein. Aus diesem Grund folgt die Aufteilung des Restaurants den vom Gebäude selbst vorgegebenen Linien und ergänzt lediglich Mobiliar mit nüchternen Linien, die in dem Raum autonom funktionieren. Auf diese Weise zeigt der grosse Saal, wo sich die Gäste befinden, eine perfekte Kontinuität mit den Ambienten, die für die Ausstellung der künstlerischen Installationen und des Vestibüls bestimmt sind.

The wooden furniture is the main design contribution.

Le mobilier en bois constitue la principale intervention décorative.

Das Mobiliar aus Holz ist die hauptsächliche Intervention des Designs.

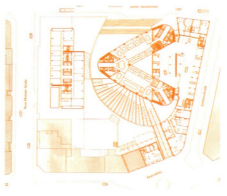

Arribas's Plaza project has respectfully adapted itself
to Norman Foster's original architecture.

La proposition d'Arribas pour le Plaza a su s'adapter de manière
respectueuse au projet architectural de Norman Foster.

Der Entwurf von Arribas für das Plaza weiss sich auf respektvolle Art
an das architektonische Projekt von Norman Foster anzupassen.

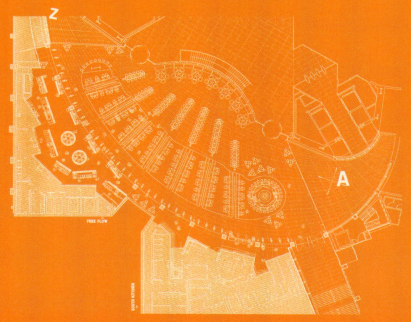

Z
A
FREE FLOW
SOUTH KITCHEN

Zutzu

Project | Projet | Entwurf: **Manuel Graça Dias, Egas José Vieira**

Location | Situation | Stadt: **Lisboa, Portugal**

Inauguration | Année d'inauguration | Eröffnungsjahr: **1992**

The Zutzu is inside the St. Bento market, a location which, at first sight, seems rather insignificant, in its dispersal among the small streets of Lisbon. This made the main problem one of bringing a new dignity to the previously existing staircase. Housed in a cylindrical construction covered in rough-textured blue, the staircase reveals the elongated image of the restaurant. Developing the delicate beauty of the real-time Zutzu included an extension of its dimensions, including the size of the windows. The resulting effect is a separation of the bar from the dining area, thus reinventing differentiated personalities for both settings.

Le Zutzu se situe au-dessus du marché S. Bento, une enclave à première vue insignifiante qui se disperse dans les ruelles de Lisbonne. Pour cette raison, le premier problème que les architectes ont eu à résoudre a consisté à parer l'escalier existant d'une certaine dignité. Entouré d'un cylindre et recouvert d'un tambour bleu texturé, cet escalier caractéristique offre au visiteur qui franchit l'entrée une image du restaurant toute en longueur. La beauté délicate et actuelle du Zutzu est le fruit d'un agrandissement de l'établissement, grâce auquel la hauteur des fenêtres prend tout son sens. L'effet obtenu est une séparation entre le bar et la salle à manger, dotant ainsi chaque espace d'une personnalité propre.

Das Zutzu befindet sich über dem Markt von S. Bento, eine auf den ersten Blick unbedeutende Enklave, die sich in den Gassen Lissabons verliert. Aus diesem Grund war das erste Problem, das die Architekten zu lösen hatten, der existierenden Treppe eine gewisse Würde zu verleihen. Umgeben von einem Zylinder und bedeckt von einer blau strukturierten Trommel, gibt die charakteristische Treppe das Bild des langgestreckten Restaurants gegenüber dem Eingang preis. Um die delikate Schönheit des aktuellen Zutzu zu schaffen, wurden die Dimensionen des Lokals erweitert, und so bekommt die Grösse der Fenster einen Sinn. Der erzielte Effekt ist die Trennung der Bar von der Zone des Speisesaals, um den beiden Ambienten unterschiedliche Persönlichkeiten zu verleihen.

The characteristic staircase of the Zutzu, wrapped inside a textured blue cylinder, reveals the restaurant's elongated form.

L'escalier caractéristique du Zutzu, entouré d'un cylindre et recouvert d'un tambour bleu texturé, offre à la vue une image toute en longueur du restaurant.

Die charakteristische Treppe des Zutzu gibt eingehüllt von einem Zylinder und bedeckt von einer blaustrukturierten Trommel den Blick auf das langgestreckte Restaurant preis.

Thanks to the new color scheme and ceilings, the Zutzu takes on its own personality, differentiating each different area.

Le Zutzu, grâce à ses couleurs et à ses plafonds, affiche une personnalité différente dans chacun des différents espaces de l'établissement.

Dank seiner Farben und seiner Decken gibt das Zutzu den Bereichen des Lokals eine unterschiedliche Persönlichkeit.

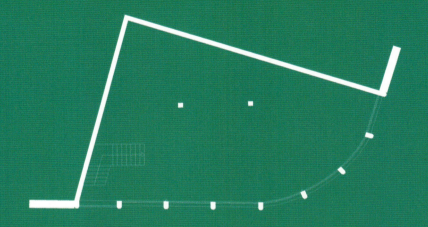

PLANTA EXISTENTE
0 1   3   5

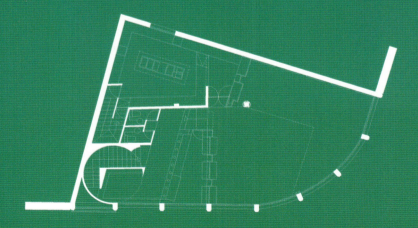

PLANTA PROPOSTA

Above, on the opposite page: a preexisting plan of the Zutzu. Below, the current solution by Manuel Graça Dias and Egas José Vieira.

En haut de la page précédente : le local avant la création du Zutzu. En bas, la proposition actuelle signée Manuel Graça Dias et Egas José Vieira.

Im oberen Teil der vorhergehenden Seite kann man den ehemaligen Grundriss des Zutzu. Im unteren Teil die aktuelle Lösung von Manuel Graça Dias y Egas José Vieira.

Kafka

Project | Projet | Entwurf: **Pilar Líbano**

Location | Situation | Stadt: **Barcelona, España**

Inauguration | Année d'inauguration | Eröffnungsjahr: **1998**

In spite of its name, the Kafka is a restaurant of simple tastes, with plain, austere, but elegant lines and with some intimations of the retro-futurist aesthetic of the 50s and 60s.

The project is in an old dried fruit and candy warehouse in Barcelona's Born district. It has been provided with a carefully measured cold and calculated air of distinction. Hence the predominance of light shades and clean surfaces in keeping with something like a minimalist aesthetic that has little to do with anything like fantasies that are Kafkaesque.

En dépit de son nom, le Kafka est un restaurant aux lignes épurées, austères et élégantes, avec un certain arrière-goût rétro-futuriste des années 50 et 60.

Le projet se situe dans un ancien magasin de fruits secs et de bonbons du quartier barcelonais du Borne, ce qui lui attribue une certaine froideur et une certaine distinction. Ainsi, la prédominance de tonalités claires et de superficies nettes, caractéristiques d'un style relativement minimaliste, ont peu à voir avec l'esthétique de l'imagination kafkaïenne.

Trotz seines Namens ist das Kafka ein Restaurant der reinen, nüchternen und eleganten Linien mit einem gewissen Nachgeschmack nach der retro-futuristischen Ästhetik der 50er und 60er Jahre. Das Projekt befindet sich in einem ehemaligen Lager für Trockenfrüchte und Bonbons im Barceloner Viertel Borne, dem man ein Flair gepflegter Kälte und Unterscheidung gegeben hat. Auf diese Weise predominieren die hellen Farbtöne und die sauberen Oberflächen, eher charakteristisch für einen minimalistischen Stil. Wenig haben sie zu tun mit der für die kafkianischen Phantasien charakteristischen Ästhetik.

The Kafka Restaurant's purified lines have little in common with the stories of the writer from Prague.

Les lignes épurées du restaurant Kafka ont bien peu à voir avec l'esthétique des récits du célèbre écrivain pragois.

Die reinen Linien des Restaurants Kafka haben wenig mit der Ästhetik der Erzählungen des anerkannten Schriftsellers aus Prag zu tun.

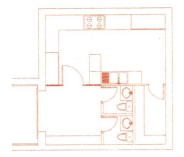

The lighting, based on warm indirect as well as direct lamps, brings to mind the old warehouses of Barcelona's Born district.

L'éclairage, basé sur des lampes chaleureuses et indirectes, rappelle l'apparition des anciens magasins du quartier barcelonais du Borne.

Die Beleuchtung mittels warmen und indirekten Licht erinnert an das Aussehen der ehemaligen Lager des Barceloner Viertels Borne.

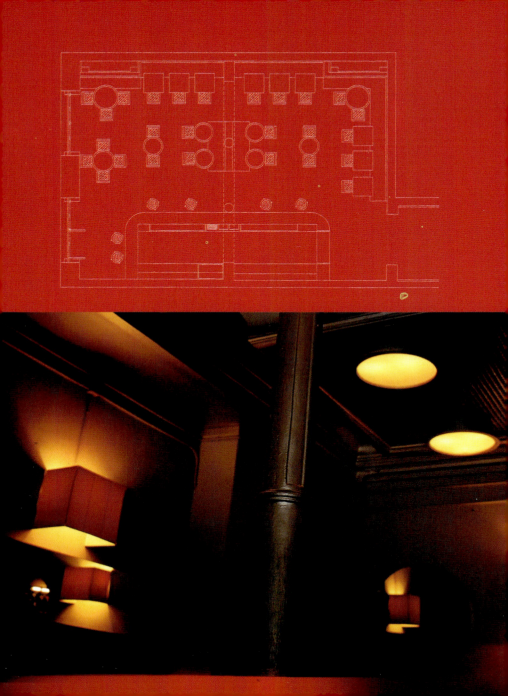

Kafka occupies the space of an old dried fruit and candy warehouse.

Le restaurant Kafka occupe l'espace d'un ancien magasin de fruits secs et de bonbons.

Das Restaurant Kafka befindet sich in den Räumlichkeiten eines ehemaligen Lagers für Trockenfrüchte und Bonbons.

Restaurant Hotel Atoll

Project | Projet | Entwurf: **Alison Brooks Architects**

Location | Situation | Stadt: **Helgoland, Deutschland**

Inauguration | Année d'inauguration | Eröffnungsjahr: **1999**

The Atoll Restaurant is a part of the Hotel Atoll in Helgoland, a remote German island in the North Sea. Alison Brooks Architects worked on the creation of a series of spaces that would reflect tranquility, gentleness, and the liquid, the qualities associated with marine landscapes. The Atoll was conceived as a sensory adventure that would frustrate any attempt to define the restaurant's interior design. What was finally achieved are strange tactile experiences that go beyond the quotidian. At the same time, the series of elements is so simple: the flooring or the walls might have been made of plastic, perforable and bendable. The novel result is an architectural design project that was awarded Best European Design for 2000.

Le restaurant présenté ici se situe dans l'hôtel Atoll de Helgoland, une île allemande lointaine de la mer du Nord. Le travail mené par Alison Brooks Architects se traduit par la création d'une série d'espaces tranquilles, doux et liquides, qui rappellent l'aspect translucide des paysages marins. L'Atoll a été conçu comme une aventure sensorielle qui se joue de tout ce que l'on s'attend à trouver dans un intérieur de restaurant. Les objets choisis se caractérisent par leur aspect à la fois tactile et étrange à notre expérience quotidienne. Ainsi, des éléments aussi primaires que le revêtement ou les murs peuvent être réalisés en plastique, se perforer ou se plier. Le résultat est une proposition novatrice qui a remporté le prix 2000 du Meilleur Design Européen.

Das Restaurant, das wir hier präsentieren, befindet sich im Hotel Atoll auf Helgoland, einer entfernten deutschen Insel in der Nordsee. Alison Brooks Architects schufen eine Serie von ruhigen, sanften und fliessenden Räumen, die an die lichtdurchlässigen Landschaften des Meeres erinnern. Das Atoll wurde als ein sensorielles Abenteuer konzipiert, das jegliche Erwartungen an die Innenarchitektur des Restaurants enttäuschen wird. Die ausgewählten Objekte sind berührbar und für die alltägliche Erfahrung merkwürdig. Auf diese Weise können so einfache Elemente wie der Fussbodenbelag aus Plastik konstruiert, perforiert und gebogen werden. Das Resultat ist ein Entwurf, der den Preis für das beste europäische Design vom Jahr 2000 verdiente.

The Atoll was conceived as a sensory adventure that frustrates any attempt to define its design

L'Atoll a été conçu comme une aventure sensorielle qui se joue de tout ce que l'on attend à trouver dans un intérieur de restaurant.

Das Atoll wurde als ein sensorielles Abenteuer konzipiert, das jegliche Erwartungen an die Innenarchitektur des Restaurants enttäuschen wird.

Alison Brooks Architects worked to create a series of tranquil, gentle, liquid spaces.

Le travail mené par Alison Brooks Architects se traduit par la création d'une série d'espaces tranquilles, doux et liquides.

Alison Brooks Architects schufen eine Serie von ruhigen, sanften und fliessenden Räumen.

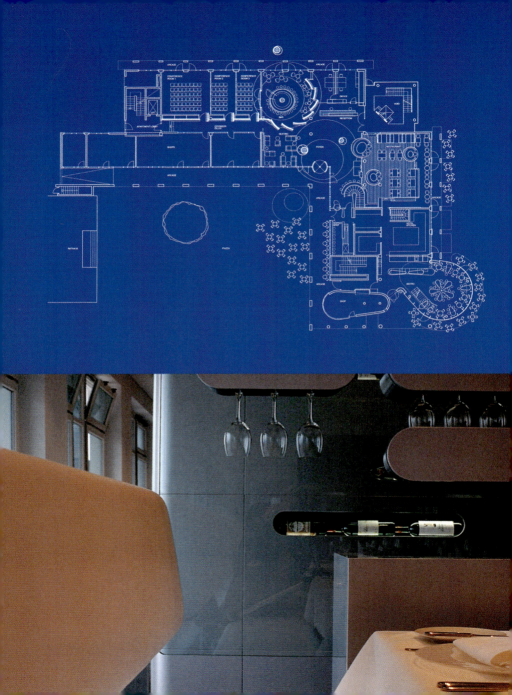

La Véronica

Project | Projet | Entwurf: **Julia Schulz-Dornburg**

Location | Situation | Stadt: **Barcelona, España**

Inauguration | Année d'inauguration | Eröffnungsjahr: **1996; extension 1999**

The Verónica's location in the heart of Barcelona's Barrio Gótico says a good deal about this restaurant that is frequented by the modern city's inhabitants. Its light and color attract the gaze of all who come in.

A line of lights cuts through the locale, hanging from the white ceilings of different heights. The bare bulbs are nuanced by the burst of color that swirls through the locale. On each wall is a different tone (red, orange, and fuchsia), and the whole of the space is able to give the stage set its proper depth. The extension of the restaurant space originated with the plan to include a bank of lights. The end result of this is in perforated DM, painted, and incorporating fluorescent lights. It extends to both sides of the dining area like a seating booth, but also brings its own general illumination system and mitigates the environmental noise.

La situation de La Verónica, dans le cœur du quartier gothique, en dit long sur un restaurant fréquenté par toute la modernité de la ville. Lumière et couleurs attirent l'attention et l'appétit de ses clients.

Une ligne de lumières traverse le local, accrochées aux plafonds blancs de hauteurs différentes. La nudité des ampoules est nuancée par l'abondance de couleurs qui règne alentour. Chaque mur est associé à une teinte (rouge, orange et fuchsia), et l'ensemble parvient à offrir une profondeur à la scénographie. L'agrandissement du local a été l'occasion d'inclure un banc lumineux réalisé en aggloméré de fibre, percé, peint et dans lequel ont été intégrés des néons. Il s'étend des deux côtés de la salle à manger, servant à la fois de siège et d'éclairage général, tout en mitigeant le fond sonore.

Der Standort des La Verónica im Herzen des Barrio Gótico sagt viel über ein Restaurant, das von der Modernität der Stadt frequentiert wird. Das Licht und die farbe, die die Blicke anziehen und den Apetit derjenigen wecken, die es besuchen. Eine Linie mit Lichtern, die in verschiedenen Höhen an den Decken hängen, durchquert das Lokal. Die Nacktheit der Glühbirnen wird durch den überfluss an Farbe in der Umgebung nunaciert. An jeder Wand wurde ein Farbton zuerkannt (Rot, Orange und Violettrosa) und der Komplex schafft es eine Tiefe der Szenographie zu markieren. Mit der Erweiterung des Lokals dachte man daran, eine Leuchtbank einzubauen. Diese ist in gelochten DM, bemalt und mit installierten Leuchtröhren realisiert. Sie erstreckt sich auf beiden Seiten des Speisesaals in Form eines Sitzes und proportioniert überdies generelles Licht und mildert den mitiga Lärm der Umgebung.

The Verónica's theatrical effect breaks the space down by alternating vivid colors in the walls. Tables and stools offer the final simple touch with the use of white.

L'effet théâtral de La Verónica décompose l'espace à travers une alternance de couleurs vives sur les murs. Les tables et les tabourets, pour lesquels le blanc est le concept roi, apportent une touche finale de simplicité.

Der Theater-Effekt des La Verónica zergliedert den Raum durch die Abwechselung der an den Wänden verwendeten lebendigen Farben. Tische und Hocker vollenden die Einfachheit mit dem Weiss als Konzept.

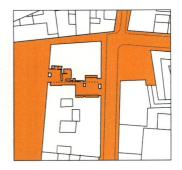

The use of white in the dining room also serves as a natural dimmer: the amount of light varies according to the number of people in the room. The ambience adjusts itself to the varying light.

Le banc qui fait le tour de la salle à manger fonctionne comme un variateur de lumière naturel : la quantité de lumière varie selon le nombre de personnes qui y sont installées. Il en résulte une lumière d'ambiance toujours juste.

Die Bank, die den Speisesaal umgibt, funktioniert mit einem naürlichen Dimmer: Die Menge des Lichts variiert mit der Zahl der Personen, die auf ihr sitzen. So bekommt man immer das treffende Atmosphärenlicht.

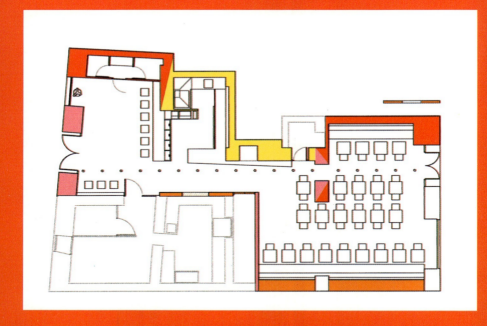

Slokai

Project | Projet | Entwurf: **Christian Wincler, Ana C. Faseña, Gianfranco Vanella**

Location | Situation | Stadt: **Barcelona, España**

Inauguration | Année d'inauguration | Eröffnungsjahr: **1999**

The concept of fusion as an obsession and of art as decoration makes this restaurant a measured space with a rhythm that is almost filmic. The fine blend of a suggestive cuisine, an alternative offering of different tastes collected from all over the planet, and the exquisite music as referent for the guests' dynamic make the Slokai distinctive: restaurant + cultural-trend motor.

The canvases dotting the walls' warm colors are periodically changed but always seem to be showcased for the purpose of awakening calm minds. The minimalist furniture, not infrequently salvaged in the wake of its best-before date, and the Roman columns are the most salient elements in this locale. It is an inviting place to blend dining with musical and visual art.

La fusion perçue comme une obsession et l'art, comme décoration font de ce restaurant une enceinte au rythme presque filmique. Une cuisine suggestive, une alternance de propositions culinaires issues de toute la planète et une musique servant de référent dynamique pour les convives se mélangent pour faire du Slokai, restaurant et moteur de tendances culturelles, un pari pleinement identificateur.

Des couleurs chaleureuses envahissent les murs à travers des fresques régulièrement renouvelées et dont la signification semble vouloir réveiller les esprits trop tranquilles. Un mobilier minimaliste, parfois récupéré d'utilisations caduques, et des colonnes de résurgence romaine sont les éléments les plus frappants de ce local qui invite à transformer le repas en un moment à la fois musical et artistique.

Die Fusion als Obsession und die Kunst als Drkoration verwandeln dieses Restaurant in einen atmosphärischen Bereich mit einem fast filmähnlichen Rythmus. Die Mischung eines suggeriendesn Essens, ein alternatives Angebot von verschiedenen Geschmäckern des Planeten und die Musik, die als Referenz für die Dynamik der Gäste dient, machen aus dem Slokai einen identifikativen Vorschlag: Restaurant + Motor für kulturelle Tendenzen. Die warmen Farben überfluten die Wände in Fresken, die periodisch erneuert werden und deren Bedeutung die schlafenden Geister zu wecken wollen scheint. Minimalitisches Mobiliar, das teilweise schon aus dem veralteten Gebrauch wiedergewonnen wurde, und Säulen römischer Abstammung sind die am hervorstechendsten Elemente des Lokals, die dazu einlädt, aus einem Essen einen musikalischen als auch künstlerischen Moment zu machen.

The Slokai's high ceilings, inherited from the leather-goods warehouse that was the previous tenant, faithfully retain the long columns supporting them, reminiscent of Rome squeezed into the scarcely 140 square meters. The diaphanous space bounces its light into every corner.

Les hauts plafonds du Slokai, héritage de son ancien statut de magasin de cuir, soutiennent fidèlement les colonnes de résurgence romaine qui s'intercalent dans ce petit format d'à peine 140 m². L'espace, diaphane, permet à la lumière d'atteindre tous les recoins.

Die hohen Decken des Slokai, ein Erbe des vorherigen Lagers für Pelze, erhalten in treuer Art die Säulen römischer Abstammung, die sich in die Mitte dieses kleinen Formats von kaum 140m² einschieben. Der offene Raum schafft es, das das Licht alle Winkel erreicht.

Artistic incursions are varied. The canvases are the absolute protagonists in the context of minimal furnishings. The music lounge and chill-out space with film projections bring an exotic calm to meals.

Les incursions artistiques sont variées, actrices absolues face au mobilier minimal. La musique lounge et chill-out, associée à des projections, traduisent le repas en un moment de calme exotique.

Die künstlerischen Einfälle sind variiert und absolute Protagonisten gegenüber dem minimalen Mobiliar. Die Musik lounge und chill-out übersetzen gemeinsam mit den Projektionen den Moment des Essens in eine exotische Ruhe.

Trinca Espinhas

Project | Projet | Entwurf: **Paulo Lobo**

Location | Situation | Stadt: **Matosinhos, Portugal**

Inauguration | Année d'inauguration | Eröffnungsjahr: **1999**

The new tenant showcased in this old warehouse refurbishment is the Trinca Espinhas Restaurant. The building is located on one of this city's main avenues, in the harbor district.

The interior decoration, an idea by Paulo Lobo, explores the contrasts between light and dark tones. With a maritime ambience, the Trinca Espinhas—spine breaker—becomes a modern space that points up contrasts in blues and the dark Eucalyptus wood on the impossibly long, curving wall. The result is a restaurant whose soft lighting and sophisticated setting lets its clientele savor an exquisite seafood cuisine

Résultat de la réhabilitation d'un ancien magasin, le restaurant Trinca Espinhas se trouve dans l'une des principales avenues de la zone portuaire de la ville.

La décoration intérieure, signée Paulo Lobo, consiste en une exploration de contrastes entre le clair et le foncé. Dans un cadre marin, le Trinca Espinhas - le "brise-arêtes" - est un espace moderne dans lequel se distingue le contraste entre des tonalités claires et la sobriété du bois foncé d'eucalyptus qui recouvre l'immense mur ondulé. Le résultat est un restaurant à la lumière suave et à l'atmosphère sophistiquée, où le client peut savourer une cuisine exquise à base de poisson.

Als Resultat der Wiederherstellung eine ehemaligen Lagers, erscheint das Restaurant Trinca Espinhas, das in einer der grössten Alleen in der hafenzone der Stadt situiert ist. Die Innendekoration, eine Idee von Paulo Lobo, erforscht die Kontraste zwischen den hellen und dunklen Farbtönen. Mit einem Meeresambiente verwandelt sich das Trinca Espinhas - "Grätenbrecher"- in einen modernen Raum, wo der Kontrast zwischen den blauen Farbtönen und der Genügsamkeit der des dunklen Eukalyptus-Holzes, das die eneorme Wellenwand verkleidet, hervorsticht. Das Resultat ist ein Restaurant mit sanftem Licht und raffiniertem Ambiente, wo dessen Kundschaft eine exquisite Küche vor allem mit Fisch geniessen kann.

The decor in the Trinca Espinhas stresses the tables covered in immaculate cloths and attended by elegant side chairs.

Les tables se distinguent dans la décoration du Trinca Espinhas, avec leurs nappes immaculées et leurs chaises élégantes.

In der Dekoration des Trinca Espinhas stechen die Tische mit makellosen Tischdecken und den eleganten Stühlen hevor.

Paulo Lobo, the author of the interior decoration used in the Trinca Espinhas, explores the contrast between the light blues and the dark tone of the Eucalyptus wood.

Paulo Lobo, créateur de l'intérieur du Trinca Espinhas, a exploré des effets de contraste en conjuguant des tons bleu clair avec la teinte foncée du bois d'eucalyptus.

Paulo Lobo, Autor der Innenarchitektur des Trinca Espinhas, erforscht den Kontrast zwischen den hellblauen Farbtönen und den dunklen Tönen des Eukalyptus-Holzes.

ACKNOWLEDGMENTS

Restaurant Decors is a book that collects the best proposals in the design, interior decoration, and architecture of restaurants. Its creation would not have been possible without the considerable effort and collaboration of many professionals, keen gastronomic amateurs, and tireless explorers whose good ideas have suggested locales, addresses, and contacts.

To Sara for her disinterested contribution, and to Mihail for his research gifts. France now seems closer.
To Ariadna for her gourmet architectural knowledge and for her ever useful contacts. To Núria for her artistic inspiration and for combing Barcelona.
To Ellen and Oscar for bringing us to unknown projects: without you, these projects might not have been published.
To Manuel and Paulo because Portugal deserves to be far better known.
Finally, to the *Col.legi de Decoradors de Catalunya*, to the *Barcelona Centre de Disseny*, to the *Col.legi Oficial d'Arquitectes de Catalunya*, to the offices of the FAD Prizes in Architecture and Interior Design and, very specially, to Paula of the *Centro Portugués de Design*.

REMERCIEMENTS

Restaurant Decors est un livre qui présente les meilleures propositions en matière de design, d'architecture d'intérieur et d'architecture de restaurants. Son élaboration n'aurait pas été possible sans la précieuse collaboration de tous les professionnels, amateurs gastronomiques et insatiables explorateurs qui nous ont fait part de leurs bonnes idées et nous ont suggéré des endroits, des adresses et des contacts.

À Sara, pour sa contribution désintéressée et à Mihail pour ses dons d'enquêteur. À présent, la France nous semble plus proche.
À Ariadna pour ses connaissances de gourmet et d'architecte, et pour ses contacts toujours utiles. À Nuria pour son inspiration artistique et son ratissage de Barcelone.
À Ellen et Oscar qui nous ont permis de nous approcher de nouveaux projets et sans qui ceux-ci n'apparaîtraient peut-être pas aujourd'hui dans cette publication.
À Manuel et Paulo, car le Portugal mérite qu'on le connaisse davantage.
Enfin, au *Col.legi de Decoradors de Catalunya*, au *Barcelona Centre de Disseny*, au *Col.legi Oficial d'Arquitectes de Catalunya*, au bureau des prix FAD de Arquitectura e Interiorismo et, tout spécialement, à Paula du *Centro Portugués de Design*.

DANKSAGUNG

Restaurant Decors ist ein Buch, das die besten Entwürfe in Design, Dekoration und Architektur von Restaurants aufnimmt. Seine Herstellung wäre ohne die liebenswürdige Kollaboration einiger Profis, gastronomischer Liebhaber und unermüdlicher Forscher, die mit ihren guten Ideen Orte, Adressen und Kontakte suggerierten, nicht möglich gewesen.

An Sara für ihren selbstlosen Beitrag und an Mihail für seine Forschungsgabe. Frankreich scheint jetzt viel näher.
An Ariadna für ihre Kenntnisse als Gourmet und Architekt, und für ihre immer nützlichen Kontakte. An Núria für ihre künstlerische Inspiration und das unermüdliche Durchkämmen von Barcelona.
An Ellen und Oscar, die uns an unbekannte Projekte heranführten; ohne sie wären Sie heute vielleicht nicht veröffentlicht.
An Manuel und Paulo, weil Portugal es verdien noch sehr viel mehr bekannt zu werden.
Zuletzt an das *Col.legi de Decoradors de Catalunya*, an das *Barcelona Centre de Disseny*, an das *Col.legi Oficial d'Arquitectes de Catalunya*, an das Büro der Preise FAD de Arquitectura e Interiorismo und besonders an Paula vom *Centro Portugués de Design*.

PHOTO CREDITS | PHOTOGRAPHIE | FOTOGRAFEN

© **Manuel Aguiar:** Boi Na Brassa.
© **Archipress:** Georges.
© **Miquel Bargalló:** La Verónica.
© **Valerie Bennett:** Belgo Zuid Restaurant.
© **Olivier Cadouin:** Kookaï.
© **Ana Paula Carvalho y Fernando Sanchez Salvador:** Bica do Sapato.
© **Carlos Cezanne:** Brasileirão.
© **Carlos Cezanne y Manuel Aguiar:** Oriental.
© **Contemporánea y Mónica Freitas:** Zutzu.
© **Gitty Darugar:** Les Grandes Marches.
© **Richard Davies:** Wagamama.
© **Patrick Engquist:** One Happy Cloud.
Pep Escoda: Como la Espuma, Café Veranda, Tortillería Flash Flash, Silenus, El Racó, Xocoa, Sikkim, Margarita Blue, Pou Dols, Mar Gran, Kafka, Slokai.
© **Alberto Ferrero:** MoMah, Shu, Pharmacy.
© **FOA (Foreign Office Architects Ltd.):** Belgo New York.
© **Chris Gascoigne/ VIEW:** Soho Spice, Oxo Tower.
© **Graphein:** Kursaal Martín Berasategui.
© **Fernando Guerra y Sérgio Guerra:** Casanova.
© **Victor Hugo y Carlos Cezanne:** Trinca Espinas.
© **Cristoph Kicherer:** Restaurant Hotel Atoll.
Martí Llorens: Dionisos, Rúccula, Taira, East 47, Zoo Café.
David Manchón: Kin Sushi Bar, Comerç 24, Negro, El Taxidermista, Coses de Menjar, Salsitas, Abac, El Principal, Fuse, Sushi & News, La Semproniana, El Tragaluz, Café Salambó, Mandalay Café, Agua, Pla dels Ángels, Acontraluz, El Japonés.
© **Lynn Massimo:** 101 CityFood Café.
© **Mihail Moldoveanu:** Renoma Cafe Gallery, Spoon Food&Wine, Alcazar, Magasin Joseph, Euronet, Plaza.
© **Michael Moran:** The Brasserie.
© **Eric Mugin:** Chez Bon.
Luis Olivas: Lombok, Camp, Paper Moon, Kikuyu.
© **Tuca Reinés:** Charlô Restaurant, Café Teatro, Cantaloup.
© **Dub Rogers:** 220 Post, Grille 5115.
© **Olivier Saint Blanquant:** Korova.
© **Xavier Serra:** Espai Sucre.
© **Steinkamp & Balloggg Photography:** Café Spiaggia.
© **William T. Smith, Anton Gras Photography Studio:** Brew Moon.
Chas Wilshere: Isola, Mash.

Books Factory has tried to make contact with all the people and agencies that hold the author's rights for the images published in this book. Unfortunately, in some cases it has not been possible to do this. We wish to create the possibility for the proprietors of these rights to communicate with us and thus rectify any oversight on our part.

Books Factory s'est efforcé de joindre les personnes et les agences détenant les droits d'auteur correspondant aux images publiées dans ce volume. Cela n'ayant malheureusement pas toujours été possible, nous invitons les propriétaires de ces droits à entrer en contact avec notre maison d'édition afin de remédier à cette omission involontaire.

Books Factory hat versucht mit jenen Personen und Agenturen Kontakt aufzunehmen, die die Autorenrechte über die in diesem band veröffentlichen Bilder besitzen. Leider war es in einigen Fällen nicht möglich dieses Ziel zu erreichen. Wir bieten daher den Besitzern dieser Rechte die Möglichkeit, sich mit dem Verlag in Verbindung zu setzen, und den unfreiwillen Fehler korrigieren zu können.